国家社科基金艺术学一般项目"妈祖文化在海上丝绸之路
传播交流的机制与路径研究"（17BH155）研究成果

U0593549

妈祖文化

在海上丝绸之路的
传播与发展

林明太 ——著

厦门大学出版社
XIAMEN UNIVERSITY PRESS
国家一级出版社
全国百佳图书出版单位

图书在版编目（CIP）数据

妈祖文化在海上丝绸之路的传播与发展 / 林明太著.
厦门：厦门大学出版社，2025.5. -- ISBN 978-7-5615-
9815-3

Ⅰ. B933

中国国家版本馆 CIP 数据核字第 2025R69V88 号

责任编辑　章木良

美术编辑　蒋卓群

技术编辑　朱　楷

出版发行　厦门大学出版社

社　　址　厦门市软件园二期望海路39号

邮政编码　361008

总　　机　0592-2181111　0592-2181406(传真)

营销中心　0592-2184458　0592-2181365

网　　址　http://www.xmupress.com

邮　　箱　xmup@xmupress.com

印　　刷　厦门市明亮彩印有限公司

开本　720 mm×1 020 mm　1/16

印张　14.75

字数　220 千字

版次　2025 年 5 月第 1 版

印次　2025 年 5 月第 1 次印刷

定价　68.00 元

本书如有印装质量问题请直接寄承印厂调换

厦门大学出版社
微信二维码

厦门大学出版社
微博二维码

前　言

在 2013 年 9 月和 10 月习近平总书记分别提出建设"丝绸之路经济带"和"21 世纪海上丝绸之路"的倡议后,"一带一路"建设已成为以习近平同志为核心的党中央主动应对全球形势深刻变化、统筹国内国际两个大局做出的重大决策。"21 世纪海上丝绸之路"主要有西线、东线和南线三条线。西线从中国沿海港口过南海,经马六甲海峡和印度洋,途经东南亚、南亚、西亚、中东、北非,通达欧洲。东线不仅直抵朝鲜半岛、日本和俄罗斯远东地区,而且可以到达北美洲和南美洲;随着北极环境变化和北极航道的开通,甚至可以通过北极航道,抵达欧洲和北美大陆东海岸。南线从中国沿海港口过南海,经东南亚抵达南太平洋国家,这是"21 世纪海上丝绸之路"的自然延伸。"21 世纪海上丝绸之路"建设应是亚、欧、非、南美、北美、大洋洲的联动和互动,其沿线大多是新兴经济体和发展中国家,其建设适应了地区和世界经济发展的新形势,适应了欧亚经济转型发展的需要,将兼顾所有参与国家的利益需求。它将成为推动地区和世界经济发展的重要引擎。

妈祖文化是以妈祖信仰为主线,以妈祖宫庙、祭祀、传说神话、文学艺术等为主要载体,融合各种文化元素发展形成的一种特色文化,是集中华儒释道文化与海洋文化大成的"活态"文化。妈祖文化从诞生之日起,就伴随着宋、元、明、清和现当代官方与民间海上丝绸之路的开拓和发展,传播到沿线各个国家和地区。现在日本、马来西亚、新加坡、印尼、菲律宾、越南、朝鲜、韩国、泰国、缅甸、文莱、美国、澳大利亚、阿根廷、法国、丹麦、沙特、南非、印度、毛里求斯、加拿大等世界 50 个国家和地区分布有上万座妈祖庙。妈祖文化已在"海丝"沿线国家和地区落地生根,融入当地社会生活,成为当地较具影响力的信仰文化,是我国与"海丝"沿线国家和地区开展文化、人员交流的重要载体。因此,妈祖文化在推动海上丝绸之路建设中具有独特作用。为此,2016 年 3 月,在十二届全国人大四次会议上通过的《中华人民共和国国民经济和社会发展第十三个五年规划纲要》提出,在推进"一带一路"建设中要"发挥妈祖文化等民间文化的积极作用"。2017 年 1 月,文化部《"一带一路"文化发展行动计划(2016—2020 年)》提出,"充分考虑和包含以妈祖文化为代表的海洋文化,构建 21 世纪海上丝绸之路文化纽带"。

在建设"21 世纪海上丝绸之路"的过程中,怎样具体发挥妈祖文化的独特作用是当前国家及地方亟待开展的研究课题,具有重要的社会应用价值和学术研究价值。但从已有的研究分析发现,当前相关课题研究比较少,特别是关于妈祖文化在海上丝绸之路沿线国家传播交流的机制与路径的研究基本上还没有开展。基于此,笔者申请的国家社科基金艺术学一般项目"妈祖文化在海上丝绸之路沿线国家传播交流的机制与路径研究"(17BH155)获批立项,从历史传承和现实维度分析妈祖文化在海上丝绸之路沿线国家的传播交流机制与路径及特征,探讨加强妈祖文化在这些国家的传播的对策,来服务于"21 世纪海上丝绸之路"建设。因此,无论从学术方面还是应用方面来看,该项目的作用都十分明显。

本书是该项目最主要的研究成果,比较具体、系统地分析总结了历史上和现实中妈祖文化在日本、韩国、越南、新加坡、马来西亚、印尼、菲律宾、泰国等"海丝"沿线国家的传播交流的特点、影响、机制、路径及其存在的问题,探索发现加强妈祖文化传播交流的新机制和新途径,提出促进"一带一路"进一步建设发展的对策与建议,对充实丰富"一带一路"研究、海上丝绸之路文化建设研究、妈祖文化与海上丝绸之路研究、妈祖文化理论体系和妈祖学学科建构等都具有一定的学术价值。

《福建省 21 世纪海上丝绸之路核心区建设方案》(2015)提出,"争取在莆田建立世界妈祖文化中心,定期举办各种祭祀、民俗活动,增进海上丝绸之路国家之间民间互信";《建设美丽莆田行动纲要》(2016)提出"一区、一中心、五品牌、九行动",其中"一中心"即着力建设"世界妈祖文化中心"。本书为这些地方战略如何落实提供了科学的建议和对策,特别是对我国有关部门,及妈祖文化发祥地福建和受妈祖文化影响较大的广东、浙江、上海、山东、海南等地方,如何发挥和借助妈祖文化优势推进"21 世纪海上丝绸之路"建设顺利实施提供了科学决策参考。因此,本书研究内容具有突出的应用价值。

本书内容还具有特别的社会意义。妈祖文化是劳动人民千百年来尊崇、信仰妈祖过程中遗留和传承下来的物质及精神财富的总称,是中华民族的重要文化瑰宝之一。2009 年,妈祖文化核心部分"妈祖信俗"被联合国教科文组织列入人类非物质文化遗产代表作名录,妈祖文化更是成为全人类尤其是"海丝"沿线国家共同的精神财富。因此,本书研究成果对我国与"海丝"沿线国家共同开展妈祖信俗的传承与保护具有较大的应用价值和特别的社会意义。妈祖文化作为"海丝"沿线国家文化交流的先锋,在促进经济文化协调发展和区域经济深度合作方面也发挥着重要作用。比如,由妈祖文化搭台,可以在基础设施、产业对接、海洋经济、投资贸易等领域与"海丝"沿线国家展开合作。因此,本书研究内容对如何进一步提升妈祖文化在推进"海丝"沿线国家民心相通和经贸发展方面的独特作用,具有特别的社会价值。

妈祖文化传承千年,历久弥新,在国内外不少地区产生巨大影响,是个世界性的文化现象。从过去到现在、从国内到国外,众多学者对妈祖文化进行了研究。据不完全统计,迄今为止有关妈祖文化的著作 1300 多部,论文达数千篇,文字达数千万字。综观这些研究,国内主要有大陆和台湾地区之分,国外有东亚、东南亚、欧美地区之分。"一带一路"倡议提出后,妈祖文化在"海丝"沿线国家如何传播交流和在"21 世纪海上丝绸之路"建设中如何发挥独特作用的研究逐渐成为妈祖文化研究领域的热点之一。

关于妈祖文化在"海丝"沿线国家传播交流的研究,国内已有一定的成果,主要有:黄瑞国等人的《把妈祖文化打造成海上丝绸之路的重要文化枢纽》;陈天宇的《妈祖与海上丝绸之路》;王震中的《让妈祖文化的三大功能服务于我国当前发展战略》;程强的《妈祖文化:海上丝绸之路的精神家园》;宋建晓的《21 世纪海上丝绸之路中的妈祖文化》;蔡天新的《古丝绸之路的妈祖文化传播及其现实意义》;王丽梅的《妈祖文化与海上丝绸之路》;李亚娟的《海上丝绸之路建设与妈祖文化圈的发展路径研究》;王宏刚的《元代妈祖信仰与海上丝绸之路的历史互动》;李天锡的《越南华侨华人妈祖信仰初探——以胡志明市穗城会馆天后庙为重点》《试析印度尼西亚华侨华人的妈祖信仰》《潮汕籍华侨与泰国华侨华人的妈祖信仰》《试析菲律宾华侨华人的妈祖信仰》;童家洲的《日本、东南亚华侨华人的妈祖信仰》;林明太的《妈祖文化在海上丝绸之路沿线国家的传播与发展》;林国平的《海神信仰与古代海上丝绸之路——以妈祖信仰为中心》;刘婷玉的《明代海上丝绸之路与妈祖信仰的海外传播》;等等。

国外的成果主要有:马来西亚学者林德顺的《妈祖信仰在"一带一路"中扮演的文化沟通角色探析》,刘崇汉的《会馆天后宫与妈祖文化——以马来西亚两座天后宫为例》，王琛发的《元代以来妈祖信仰在东南亚的形成与演变——从历史的丝路香火到多元的本土祭祀》；韩国学者朴现圭的《韩国的妈祖信仰现况》，李钟周的《韩国西海岸渔村信仰和妈祖信仰》；日本学者松尾桓一的《历史与现代：清代华商的航海与妈祖信仰——在长崎旅日华侨社会中的传承与现状》；越南学者阮黄燕的《繁华、没落与再续发展：论越南北部天后宫社会功能的变迁——以兴安河天后宫为例》，阮玉诗的《天后信仰在越南湄公河流域的传播及其特点》；新加坡学者林纬毅的《妈祖信仰的在地化研究——以新加坡为例》；加拿大学者玛丽的《加拿大的妈祖文化与海上丝绸之路》；澳大利亚学者陈国生的《澳大利亚的妈祖信仰与海上丝绸之路》；等等。

这些研究主要围绕妈祖文化的传播交流与古代海上丝绸之路的形成发展的关系、某一国家或地区妈祖文化传播发展的历史与现状、妈祖文化在建设"21世纪海上丝绸之路"的重要作用等方面进行分析探索。多数属于单篇论文和某一方面的研究，尚缺乏对我国与"海丝"沿线国家间妈祖文化传播交流的整体、系统研究；对历史上和现实中妈祖信俗究竟通过哪些具体途径和机制在海外传播的研究还不够；对如何更好地发挥妈祖文化在建设"21世纪海上丝绸之路"中的交流纽带和桥梁作用，增强对以妈祖文化为代表的中华文化的认同，从而促进互融互通，实现共同发展的研究也不够。

从国内外对妈祖文化在海上丝绸之路建设中独特的价值研究情况的分析来看，大家更多探讨了妈祖文化与海上丝绸之路形成、发展的关系，并比较宏观地指出"21世纪海上丝绸之路"建设中，妈祖文化是我国与"海丝"沿线各国间加强文化、人员交流的纽带和桥梁，可以发挥重要作用。但究竟如何发挥作用，如何在"一带一路"倡议实施过程中，对全球治理、"海丝"沿线国家经贸发展和民心相通方面发挥建设性作用等缺乏具体对策与建议。因此,很有必要对此开展研究。

本书以民俗学、人类学、宗教学、历史学、传播学、政治学、经济学等理论为指导,在对国内外有关文献资料进行系统分析和选择"海丝"沿线受妈祖文化影响较大的典型国家进行调研的基础上,并在有关国家相关学者调查研究协助下,首先分析总结妈祖文化在日本、韩国、越南、新加坡、马来西亚、印尼、菲律宾、泰国等"海丝"沿线国家传播发展的历史、现状、特点及影响,其次探究历史上和现实中妈祖文化在"海丝"沿线国家传播交流的机制、路径及其存在的问题,最后探索在建设"21世纪海上丝绸之路"的背景下,作为民间文化的妈祖文化通过哪些科学机制和路径发挥积极作用,怎样发挥作用。

目 录

第一章 妈祖文化的概况

妈祖文化是以妈祖传说（神话）、宫庙、祭祀等为主要载体，以妈祖信仰为主线，由各种文化元素交融发展而形成的中华传统文化中的一种特色文化。其肇于宋、成于元、兴于明、盛于清且繁荣于近现代，历久弥新，是中华文化的瑰宝。"其延续之久，传播之广，蕴含之厚，影响之深，是其他民间崇拜无法比拟的。"①

一、妈祖文化的产生

妈祖文化源于妈祖信仰，妈祖信仰则源于北宋初期对妈祖的纪念。妈祖，据史书记载，原名林默，②本是一位善良、勤劳、美丽又乐于助人的普通渔家女子。传说在北宋建隆元年（960）三月二十三日，兴化军（现莆田市）莆田县湄洲屿的林家诞生了一个女婴，从出生到满月，女婴一声不哭，父母便取名"林默"。林默从小天资聪慧，虚心好学，过目成诵，知识面广。少年时期，林默就熟习水性，洞晓天文气象，并懂得"灵慧巫术"，还掌握了不少医学知识和

① 张克辉：《台湾往事》，北京：台海出版社，2004年，第120页。
② 陈国强编：《妈祖信仰与祖庙》，福州：福建教育出版社，1990年，第21页。

防疫消灾之法,经常为百姓治病驱邪消灾,深受乡亲邻里的赞赏。

　　林默的故乡位于湄洲湾入海口处,周边大海茫茫,礁石林立,经常出现海难。从小在海边长大的林默,对此看在眼里,记在心里。她潜心研究海洋气候,掌握沿海地区气象变化规律,经常提醒乡亲们注意台风暴雨。每当海上能见度不佳时,她就登上湄峰顶,举灯引航。据史书记载:"……世传通天神女也。姓林氏,湄洲屿人。初,以巫祝为事,能预知人祸福;既殁,众为立庙于本屿。"[1]更难能可贵的是,她终身不嫁,矢志行善,为乡亲们排忧解难,避凶趋吉,渐渐声名远播。宋太宗雍熙四年(987)九月初九日,林默在海上为抢救落水乡亲遇难,献出年轻生命,年仅二十八岁。林默逝世后,当地百姓怀念她生前的功德,将其生平事迹代代相传,且越传越神,航海人敬之若神。相传她死后仍以行善济世为己任,救助逢凶遇难之众,人们将她奉为名副其实的"海上女神",[2]真善美的化身。后来民间传说:林默羽化飞升这一天,湄洲岛上的人都看见她乘长风驾祥云,翱翔于苍天皎日间。从此以后,航海的人又言常见林默身着红装飞翔在海上,救助遇难呼救的人。因此,海船上就逐渐供奉妈祖神像,以祈求航行平安顺利。有关妈祖"灵迹"的记载甚多,有人说她小时候得高人指点,能知天文地理,谓之"神女";有人说她自幼熟习水性,16岁那年泅水救父,因孝闻名,谓之"孝女";也有人说她经常救护海上遇难渔船,谓之"龙女";还有说她"初为巫祝",常替人驱邪治病,屡验不爽,谓之"灵女"。后人尊称她为"娘妈""神女""神姑""妈祖"等。林默虽然离开了人间,但她乐善好施、助人为乐的大爱精神永远活在人们心中。福建东南沿海百姓为了纪念林默,将妈祖遇难说成是神女升天,并于宋雍熙四

---

① 吴还初:《天妃娘妈传》,明刻本,原藏日本双红堂,上海:上海古籍出版社,1990年,第9页。

② 吴国平:《瓣香起湄洲》,福州:海潮摄影艺术出版社,2003年,第91页。

年(987)在湄峰上建庙祀祭。这是世界上第一座妈祖庙,也即湄洲妈祖祖庙。史载湄洲祖庙"落落数椽","粉墙丹桂辉掩映,华表耸突过飞峦","祈祷报赛,殆无虚日"。宋代兴化文人李俊甫的《莆阳比事》中记载:"湄洲神女林氏,生而神灵,能言人休咎。死,庙食焉。今湄洲、圣屯、江口、白湖皆有祠庙。"

在妈祖从人到神的演变过程中,兴化商人立下了第一功。北宋时期,福建沿海商贸发达,海运繁忙。但因交通工具简陋,海难事故频发,传说中能够拯救海难的妈祖自然备受人们怀念。于是,莆田及其周边沿海的船工、海商、渔民等与水打交道的人们开始祈求妈祖显灵,保佑船只航行平安,这种精神上的寄托往往能够发挥意想不到的效果。据说,"元祐丙寅岁,墩上常有光气夜现,乡人莫知为何祥。有渔者就视,乃枯槎,置其家,翌日自还故处。当夕遍梦墩旁之民曰:'我湄洲神女,其枯槎实所凭,宜馆我于墩上。'父老异之,因为立庙,号曰圣墩。岁水旱则祷之,疠疫祟则祷之,海寇盘亘则祷之,其应如响。故商舶尤借以指南,得吉卜而济,虽怒涛汹涌,舟亦无恙。宁江人洪伯通,尝泛舟以行,中途遇风,舟几覆没。伯通号呼祝之,言未脱口而风息。既还其家,高大其像,则筑一灵于旧庙西以妥之"①。于是,商人、渔民等纷纷捐资,修建了圣墩神女祠,人们纷纷前往祭拜,香火十分旺盛。此后,妈祖信仰在兴化沿海开始广泛传播,境内掀起了一股修建妈祖庙的热潮,凡港口、集镇等繁华之地都建有妈祖庙。南宋诗人刘克庄在枫亭天后宫碑刻中写道:"莆人户祀之,若乡若里悉有祠。所谓湄洲、圣墩、白湖、江口,特其大者尔。"②随后,福建沿海盛传妈祖是"通宝神女""护航女神","有祈必应",百姓深信不疑,妈祖庙越建越多,妈祖信仰

---

① 转引自林庆昌:《妈祖真迹》,广州:中山大学出版社,2003 年,第 103 页。
② 蒋维锬编校:《妈祖文献资料》,福州:福建人民出版社,1990 年,第 18 页。

不断传播,妈祖由人变成了神。

二、妈祖文化的发展

随着妈祖神迹越传越多,妈祖信仰由莆田向外传播,影响范围越来越大。在妈祖信仰由区域性信仰发展成全国性乃至世界性的信仰过程中,历代统治者起到了不可忽视的推动作用。据史料记载,从北宋初至清朝末年,历代朝廷对妈祖的册封达36次,由"女神"到"夫人",从"天妃"到"天后",最后上升为"天上圣母",封号最长达64个字之多。

(一)宋代妈祖信仰从民间层面上升到国家层面

北宋初,妈祖仅是福建莆田地区民间的一尊普通神祇,她的职能主要是保护一方渔民的出海平安。宣和年间,路允迪出使遇到大风海浪,向妈祖祝祷后平安度过,回朝就奏请此事。于是宣和五年(1123)朝廷赐"顺济"匾额于当时的"通贤灵女庙",表彰妈祖的护航作用,这是妈祖在国家层面上得到的首肯。自此次赐额之后,妈祖进入了官方视野中,妈祖信仰得到统治阶级的大力扶植。

南宋时,都城迁至离妈祖文化发祥地较近的杭州。东南沿海地区海上交通发达,海上官方活动越来越多,由此该地区具有航海保护功能的妈祖被官方相中了,出现了妈祖"温台剿寇""平大奚寇""紫金山助战""助擒周六四""火烧陈长五"等护国庇民的传说。官方不断提升其地位,给予新的加封,封号的等级也从"夫人"晋升到"妃",推动妈祖神迹流传开来,使得妈祖由地方"民间之神"向官方"国家之神"演化,逐渐成为保驾护航的官方推荐之神,最终成为国家航海保护神。①

妈祖在国家公务活动中承担的职责和发挥的作用,可以通过朝廷赐封的理由来体现。两宋期间,妈祖先后受到官方的赐封达13次,封号等级逐渐提高,赐封的理由具体见表1-1。

表1-1　宋代赐封妈祖的封号与理由②

序号	时间	封号	赐封理由
1	宋高宗绍兴二十六年(1156)	灵惠夫人	宋高宗要举行"郊典",此前杭州已建有妈祖神祠,于是宋高宗就诏封妈祖为"灵惠夫人"。这次诏封为此后历代皇帝褒封妈祖开了先河,意义重大。
2	宋高宗绍兴三十年(1160)	灵惠昭应夫人	兴化郡守将妈祖助"扫平海寇"事迹上奏朝廷而获加封。
3	宋孝宗乾道三年(1167)	灵惠昭应崇福夫人	兴化郡守将妈祖"圣泉救疫"事迹上奏朝廷而获加封。
4	宋孝宗淳熙十一年(1184)	灵惠昭应崇福善利夫人	福兴都巡检将妈祖神助平息寇祸事迹上奏朝廷而获加封。
5	宋光宗绍熙元年(1190)	灵惠妃	兴化郡守将向妈祖祷雨有验的神迹上奏朝廷,最终晋封为"妃"。

①　李伯重:《"乡土之神"、"公务之神"与"海商之神"——简论妈祖形象的演变》,《中国社会经济史研究》1997年第2期,第52页。

②　蒋维锬:《历代妈祖封号综考》,《中华妈祖文化学术论坛论文集》,天津:百花文艺出版社,2006年,第10~17页;闫化川:《妈祖信仰的起源及其在山东地区传播史研究》,山东大学博士学位论文,2011年,第10页。

续表

序号	时间	封号	赐封理由
6	宋宁宗庆元四年(1198)	灵惠助顺妃	东南沿海干旱,唯独兴化军辖区内因有妈祖庇佑得雨而庄稼丰收;同时,妈祖助官军平大奚寇,故获加封。
7	宋宁宗嘉定元年(1208)	灵惠助顺显卫妃	妈祖助淮甸抗金退敌有功而获加封。
8	宋宁宗嘉定十年(1217)	灵惠助顺显卫英烈妃	妈祖降霖救旱并助擒海寇而获加封。
9	宋理宗嘉熙三年(1239)	灵惠助顺嘉应英烈妃	妈祖神助钱塘退潮。
10	宋理宗宝祐二年(1254)	灵惠助顺嘉应英烈协正妃	兴化军、泉州干旱饥荒,妈祖神助得雨而获秋收,解兴泉饥。
11	宋理宗宝祐三年(1255)	灵惠助顺嘉应慈济妃	未载具体事由。
12	宋理宗宝祐四年(1256)	灵惠嘉应协正善庆妃	因钱塘堤坝成,"神助有功"而获加封。
13	宋理宗景定三年(1262)	灵惠显济嘉应善庆妃	因火烧强寇陈长五,"神助有功"而获加封。

从赐封的理由看,南宋时期的妈祖圣迹属于"护国庇民"性质的内容明显地增多。诸如"温台剿寇""平大奚寇""紫金山助战"

"助擒周六四""火烧陈长五"等,实际都属于国家职能范围之事。而"救旱晋爵""瓯闽救潦""钱塘助堤""拯兴泉饥"等,也可归入此范围之中。可以说妈祖在宋代已从民间神祇,转变为能帮助国家执行若干重要职能,在平定叛乱、抵御外敌、运送物资和人员(特别是军队、官员和外交使节)、拯救饥荒、兴修水利等方面发挥重要作用的"国家之神"。① 当然由于此时期妈祖圣迹中专属福建地方事务者尚在多数,且朝廷对妈祖的封号,仅为"夫人"和"妃",在国家对神灵的封谥系统中,这只是地方性神祇的品级,因此,宋代妈祖基本上只是一位在地方性事务中发挥作用的"国家之神"。

从表 1-1 中宋代对妈祖的赐封和封号的变化来看,妈祖从 4 次称"夫人"的赐封到宋光宗绍熙元年(1190)始变为"妃"的称呼,及此后对"妃"又进行的 8 次褒封,可见妈祖在宋代国家"护国庇民"事务中的地位是不断上升的。再从名称的变化(名称由修饰词和名词组成,是功绩和称谓的组合,前面的修饰主要是由妈祖每次的神职、功绩而定,后面的名词则是妈祖真正的地位和形象的表述)可以看出,妈祖从贞洁的未婚"神女"演变为"夫人""妃",是官方正统文化在其身上的投射。妈祖作为人间未婚女子,不足以担当国家事务重任,官方顺理成章地为其"成婚"变为"夫人""妃",提高其官方地位。

另外,为了体现妈祖在国家"护国庇民"事务中的地位,宋代官方屡次对妈祖进行祭祀:一是为酬神,希望妈祖护佑航海事业;二是为妈祖"正身",将其纳入官方正统的文化形式中,使其符合当时的文化伦理。《宋史》中有相关的记载。宋朝皇帝对妈祖的御祭,如宋理宗淳祐十二年(1252)岁次壬子,十二月癸亥,诏海神为大

① 李伯重:《"乡土之神"、"公务之神"与"海商之神"——简论妈祖形象的演变》,《中国社会经济史研究》1997 年第 2 期,第 51 页。

祀,除春秋遣从臣奉命往祠祭祀外,其余皆与加封仪式合并进行。主祭官员燃头香时奏《迎神始安之章》:"圣德参天,母恩配地。于昭祀典,致享坤仪……"之后的随员宾从献香过程,奏《初献钦安之章》:"四溟广矣,八纮是纪。我宅东南,回复万里……"其后献花、果时奏《亚献丰安之章》:"沧溟浮天,旁通百蛮。风樯迅疾,琛舶来还……"献帛时奏《终献飨安之章》:"神其醉饱,式燕以序。百灵秘怪,蜿蜒飞舞……"最后礼成时奏《送神成安之章》:"告灵飨矣,锡我嘉祚。乾端坤倪,开豁呈露……"①该祭典至今仍然在泉州天后宫使用。

(二)元代出于统治需要大力推崇妈祖信仰

首先,元军入关,占据临安后,南宋的残余势力从海上逃亡,元军缺乏海船,无法在海上追击。蒲寿庚降元后,为元政府提供了大量的海舶,构成了元军的海军之师。同时由于元世祖忽必烈多年用兵,特别是在消灭南宋的残余势力时,急需军费,蒲寿庚深知船舶之利,为了表示对元朝的忠诚,提出迅速恢复外贸的主张。务实的忽必烈接受了蒲寿庚的建议。不论是建立海军还是发展外贸,海神都是不可或缺的。其次,元朝定都北京带来诸多问题,粮食问题尤为突出,要养活京师众多人口,需要大量粮食。同时元朝初年还不断进行对外战争,需要大量的军粮。这些粮食主要取自江浙地区,而从江浙地区到达北京主要通过漕运。元代的漕运先是运河漕运,但常因天旱水浅,河道淤塞不通,致使漕船不能如期到达。为了克服河运的困难和弥补河运的不足,元朝统治者便开辟了另一条漕运干线——海运。但是,由于当时还不能有效地掌握海上

---

① 苏亚红:《"妈祖"形象和名称演变的历史研究》,山东大学博士学位论文,2011年,第23页。

气候的变化,对海道线路的情况也不够熟悉,因此,海道运输十分艰险。在风、雾和海盗的袭击下,每年都有大量的漕丁漕夫葬身海底,大量运粮船只沉没;粮食损失,平均每年以十多万石计。漕运船舶上的押粮官和水手,在当时设备简陋、海道迂回、滩险浪急的条件下,唯有依赖海神妈祖的庇护,以战胜内心的恐惧。所以,当时对妈祖的仰赖也就日益增强,使元代成为妈祖文化大传播的时代。

由于妈祖护佑漕运作用明显,元代官方十分推崇妈祖,在不到 100 年的统治时期里,对妈祖的褒封就有 5 次,平均不到 20 年 1 次,从宋代的"妃"提高到当时至高无上的"天妃",褒封的规格有质的飞跃。这使得妈祖在国家事务中的地位,由专管海上祸福的一般女神,提升到护佑社稷的天上尊神,成为天的配偶。同时,官方还塑造出她护国为民的形象,显现出妈祖身为"天妃"对子民的庇佑和对国家的护佑,且打造其在国之大事上身为天之配偶的"辅政"的形象。

妈祖在元代国家事务中发挥了怎样的作用,一样可以从元朝对妈祖赐封的理由中看出,具体见表 1-2。

表 1-2　元代赐封妈祖的封号与理由①

序号	时间	封号	赐封理由
1	元至元十八年(1281)	护国明著天妃	蒲师文将妈祖"保护海道,舟师漕运,恃神为命,威灵赫濯,应验昭彰"的神迹上奏朝廷,皇帝遂敕封妈祖。妈祖从此由"妃"升格为"天妃"。

---

①　蒋维锬:《历代妈祖封号综考》,《中华妈祖文化学术论坛论文集》,天津:百花文艺出版社,2006 年,第 10～17 页;闫化川:《妈祖信仰的起源及其在山东地区传播史研究》,山东大学博士学位论文,2011 年,第 11 页。

续表

序号	时间	封号	赐封理由
2	元大德三年（1299）	护国庇民明著天妃	皇帝因妈祖庇护漕运有功，下诏加封。
3	元延祐元年（1314）	护国庇民广济明著天妃	皇帝因妈祖庇护漕运有功，下诏加封。
4	元天历二年（1329）	护国庇民广济福惠明著天妃	皇帝因妈祖庇护海上漕运有特殊功勋，下诏加封。
5	元至正十四年（1354）	护国辅圣庇民广济福惠明著天妃	皇帝因妈祖在庇护海上漕运中屡屡显灵，下诏加封。

　　从元代对妈祖赐封的理由可以看出，妈祖除了在与航海有关的国家事务活动（如出使、征伐等）和海上贸易活动中，发挥原有的航海保护神作用外，主要发挥护佑国家漕运任务尤其是海道漕运任务的作用，被称为"海漕之神"。王敬方在《褒封水仙记》中说："国朝漕运，为事最重，故南海诸神，有功于漕者皆得祀。唯天妃功大号尊，在祀最重。"《天历二年八月己丑朔日祭直沽庙文》记载得更清楚："国家以漕运为重事，海漕以神力为司命。"天妃之尊，实因海漕之故。明人丘浚回顾说："元人海运以足国，于是始配妃以天。"（《重修京都天妃宫庙碑》）陆深也说："元用海运，故其祀为重。"（《金台纪闻》"天妃"条）①

　　从表1-2中封号的变化可以看出，元代大大提升了妈祖的封号等级，从宋代的"妃"晋升为"天妃"。这标志着妈祖超出了地方

① 李伯重：《"乡土之神"、"公务之神"与"海商之神"——简论妈祖形象的演变》，《中国社会经济史研究》1997年第2期，第51页。

神祇的地位,成为全国性的神灵。元代朝廷为了突出妈祖在保护漕运任务顺利完成,护佑押运漕粮官兵的安全方面的重要作用,还沿着运河修建了大量官庙性质的妈祖祠庙,并把妈祖祭祀列入国家祀典。每次漕运粮食,在漕运起点或终点都专门派官员祭祀妈祖;抵达直沽(今天津港)后,朝廷派官员专门南下祭祀天妃。每逢妈祖诞辰或升天日,朝廷便派人到一些主要的妈祖庙祭祀,酬谢妈祖对国家漕运任务的护佑。此外,朝廷还曾三次特意派遣官员到湄洲妈祖祖庙致祭。这些众多的祭祀中有史料记载的还有元朝皇帝的 11 次御祭,具体如下:

1.元至元三年(1266),岁次丙寅,夏四月,定岁祀海神之制。

2.元皇庆年间(1312—1313),遣使祭海神天妃。金幡一合、银一铤,付平江官漕司及本府官,用柔毛酒醴致祭。祝文云:"遣某官等,致祭于护国庇民广济福惠明著天妃。"

3.元至治元年(1321),岁次辛酉,五月辛卯,海漕粮至直沽,遣使祭祀海神天妃。

4.元至治三年(1323),岁次癸亥,二月,海漕至直沽,遣使祭海神天妃。

5.元泰定元年(1324),岁次甲子,以盐官州(今河北黄骅)海水溢,遣使祭海神天妃。

6.元泰定三年(1326),岁次丙寅,秋七月,遣使祭海神天妃。

7.元泰定三年(1326),岁次丙寅,八月,建天妃宫于海津镇(今天津市)。

8.元泰定四年(1327),岁次丁卯,遣使祭海神天妃。

9.元致和元年(1328),岁次戊辰,春正月甲申,遣使祭海神天妃。

10.元致和元年(1328),岁次戊辰,遣户部尚书李家奴往盐官州,祭祀海神天妃,仍集议修海岸。

11.元天历二年（1329），岁次己巳，一月戊午，遣使御祭天妃。[①]

此外，为了进一步提升妈祖在国家事务中的地位，元代还用行政手段规范对妈祖的祭祀。刘基，即朱元璋的"军师"刘伯温，在元末时写的一文中称"故薄海州郡，莫不有天妃庙。岁遣使致祭，祀礼极虔"[②]。可见，自江南至北京，妈祖庙遍及，说明元朝大力宣扬妈祖信仰，也说明元朝贸易经济的发达。妈祖在元代地方中已享受由地方官主祭的春秋二祭，"樽俎豆笾、祝币牲酒，罔不具备"[③]。而且官方祭祀天妃费用每次都由朝廷拨给，如延祐年间海道都漕运万户府祭祀"天妃、海神、水仙等十余处祠"，就由"朝廷给牲牢醮祭之费，岁为中统钞百定"[④]。当妈祖祭祀被纳入朝廷祀典后，其祭祀规格更较地方祭祀有了很高的提升。

（三）明代因海上外交活动需要大力提升妈祖信仰在国家层面的影响力

明朝初年，由于在太祖洪武时期实施海禁政策，对沿海的控制较严，很少有海事活动，且国家不再依赖海漕，妈祖的地位有所下降，但明成祖时期，郑和七次下西洋，出使海外，以后对外交往也十分频繁，每次出海前与返航之后，官方都要祭谢妈祖。因此，妈祖

---

① 苏亚红：《"妈祖"形象和名称演变的历史研究》，山东大学博士学位论文，2011 年，第 24 页。

② 刘基：《台州路重建天妃庙碑》，《诚意伯文集》卷九，转引自苏亚红：《"妈祖"形象和名称演变的历史研究》，山东大学博士学位论文，2011 年，第 25 页。

③ 洪希文：《降香祭湄洲林天妃祝文》，转引自蒋维锬、郑丽航编：《妈祖文献史料汇编》（散文卷），北京：中国档案出版社，2007 年，第 15～16 页。

④ 虞集：《昭毅大将军平江总管府哒噜噶齐兼管内勘农事黄头公墓碑》，转引自蒋维锬、郑丽航编：《妈祖文献史料汇编》（碑记卷），北京：中国档案出版社，2007 年，第 16～18 页。

仍在出使、平寇、御倭等官方重大活动中发挥与国家职能有关的作用,她作为国家"官方之神"的地位依然得到朝廷的承认。但明代对妈祖的褒封不够,封号仍以"天妃"为主,只是前面的定语有所变化。如明成祖永乐七年(1409)封"护国庇民妙灵昭应弘仁普济天妃",可以从封号上看出依旧是"天之妃子",主要功德是辅政、护国、庇民。因为明太祖在对妈祖封号上的态度,以后诸帝都不敢大胆地超越,没有较大地提高妈祖封号的等级,妈祖依旧是"天妃",天的配偶,不过封号中有了"孝"这一中国传统美德的体现。

明代妈祖在国家事务中发挥的作用,依然可以从赐封的理由中看出。明朝对妈祖的赐封只有 3 次,赐封理由见表 1-3。

表 1-3　明代赐封妈祖的封号与理由①

序号	时间	封号	赐封理由
1	明洪武五年(1372)	昭孝纯正孚济感应圣妃	明初因袭元代旧例对妈祖予以敕封。
2	明永乐七年(1409)	护国庇民妙灵昭应弘仁普济天妃	郑和第二次下西洋归来,禀告海上遇险,"幸得神助"。皇帝遂下诏加封。
3	明崇祯十七年(1644)	护国庇民妙灵昭应弘仁普济安定慈惠天妃	南明弘光帝所封。传系神佑护送张皇太后渡江安抵南京。由于南明政权短暂,因此多数史书未予记载。

---

① 蒋维锬:《历代妈祖封号综考》,《中华妈祖文化学术论坛论文集》,天津:百花文艺出版社,2006 年,第 15 页;闫化川:《妈祖信仰的起源及其在山东地区传播史研究》,山东大学博士学位论文,2011 年,第 11 页。

从赐封理由看,明代妈祖主要是在出使、平寇与后期御倭等国家重大事务中发挥护佑作用。此外,尽管因海漕废止,明代朝廷不再将妈祖作为"漕运之神"看待,但是从事河漕的漕军却沿袭传统,依旧供奉妈祖。"军营漕运之所,江海河汉之滨,悉崇奉之。"①所以妈祖在明代,仍然具有"护漕之神"的作用。

明代对妈祖的褒封与前代相比,次数少了,只有3次,但对妈祖神迹的记载比宋元两代多,主要是宣扬妈祖神功显赫。对妈祖褒封的规格沿袭元代,没有新的升格。虽然赐封次数少,但在祭祀方面,永乐以后,随着郑和下西洋、运河漕运和册封琉球等国家政治经济大事,官方频繁的祭祀妈祖的活动无形中提高了妈祖的地位,并在明朝统治者和民众中不断地扩大影响。特别是明永乐五年(1407)明成祖朱棣敕建南京妈祖庙,亲自撰立御碑,这是明朝对妈祖崇奉的最高表现。南京龙江天妃宫建成后,将妈祖祭祀正式纳入明代朝廷京都祀典中,每年正月十五日及三月二十三日由南京太常寺官到这个具有国家性质的妈祖庙代表朝廷致祭,对妈祖进行制度化祭祀。以后几代皇帝继承此做法,直至万历《明会典》中仍将妈祖祭祀列为京都祀典。②

(四)清代出于政治考量极力推崇妈祖信仰

清朝,妈祖的神性得到更加强烈的渲染。清朝统治者为了政权得以巩固,利用妈祖信仰在当时人民生活中已根深蒂固,而且信仰范围已经扩及全国这一特殊情况,将其统治行为变成妈祖的神

①　田汝成:《西湖游览志》卷二一"天妃宫"案,转引自李伯重:《"乡土之神"、"公务之神"与"海商之神"——简论妈祖形象的演变》,《中国社会经济史研究》1997年第2期,第50页。

②　苏亚红:《"妈祖"形象和名称演变的历史研究》,山东大学博士学位论文,2011年,第27～28页。

意。这样不仅可以鼓舞官兵的士气,更重要的是可以争取民众的拥护,削弱反抗的力量。同时,清初对领土统一问题的重视,使清王朝极度关注与推崇海神妈祖,通过大肆宣传在清军攻克台湾,及对台事务和镇压台民起义的战役中,妈祖显应助佑官军的灵性事迹,重构妈祖形象,使妈祖不仅成为清代的海神,而且成为清军的战神,成为清廷正统化的神明和官方承认的最高级别的神祇"天后"。

当然,曾有传言说"天后"称号是康熙帝所封,其实不然。康熙初年,据福建水师提督万正色奏请,康熙帝题复:照永乐年间封为"护国庇民妙灵昭应弘仁普济天妃",遣官献香帛,读文致祭在案。这说明康熙帝沿用了"天妃"的称号,进行春秋二祭。之后施琅为神灵助破逆请乞皇恩崇加敕奉事奏折,但是礼部两次议题语焉不详,朝廷仅遣人到湄洲妈祖祖庙致祭。禅济布、景考祥《为请赐天后匾额事奏折》中写道:"经臣施琅奏疏具题,圣祖仁皇帝敕建天妃神祠于其原籍兴化湄洲,勒文以纪功德,随又加封天后。"①但在当时的文献中此记载是没有呼应的。虽然如此,但这事在民间已传开了,人们开始称妈祖为"天后",并有很多地方的妈祖庙改为"朝天宫"或"天后宫"。实际上到乾隆二年(1737),朝廷才正式赐封妈祖为国家神祇中至高无上的"天后"。另外,妈祖"天上圣母"的称号实际上也只是在民间史料中出现,是文人墨客对妈祖的尊称,并且流传开来,广为运用而已。乾隆、嘉庆、道光年间的清代褒封中,官方并没有出现"天上圣母"的称号。

---

① 蒋维锬、郑丽航:《妈祖文献史料汇编》(档案卷),北京:中国档案出版社,2007年,第24页。

妈祖在清代国家事务中发挥的作用比宋、元、明代都要大,这可从清代赐封理由看出。清朝对妈祖的赐封达 15 次,赐封理由见表 1-4。

表 1-4　清代赐封妈祖的封号与理由①

序号	时间	封号	赐封理由
1	清康熙十九年(1680)	护国庇民妙灵昭应弘仁普济天妃	妈祖神助福建水师提督万正色克复厦门。
2	清乾隆二年(1737)	护国庇民妙灵昭应宏仁普济福佑群生天后	福建总督郝玉麟因妈祖庇护台湾守备陈元美等而奏请加封。其中改"弘"为"宏"属避讳。
3	清乾隆二十二年(1757)	加"诚感咸孚"四字	翰林院侍讲全魁、周煌出使琉球得妈祖庇护。
4	清乾隆五十三年(1788)	加"显神赞顺"四字	福康安因"福州驻防官兵内渡船只,在港口被风,遇危获安,叠征灵异",故奏请予以加封。
5	清嘉庆五年(1800)	加"垂慈笃祜"四字	因"各洋面巡缉兵船及商船往来,均赖神力庇佑",故获加封。
6	清道光六年(1826)	加"安澜利运"四字	因"海运化险为平,神显应尤著"而加封。
7	清道光十九年(1839)	加"泽覃海宇"四字	册封琉球正使林鸿年猝遇风暴,"俱得默邀神助",故请加封。
8	清道光二十八年(1848)	加"恬波宣惠"四字	两江总督李星沅等奏"连年海运米石均邀神佑",请加封号。

① 蒋维锬:《历代妈祖封号综考》,《中华妈祖文化学术论坛论文集》,天津:百花文艺出版社,2006 年,第 17 页;闫化川:《妈祖信仰的起源及其在山东地区传播史研究》,山东大学博士学位论文,2011 年,第 11 页。

续表

序号	时间	封号	赐封理由
9	清咸丰二年（1852）	加"导流衍庆"四字	两江总督陆建瀛等奏"海运安稳，获邀神佑"，请加封号。
10	清咸丰三年（1853）	加"靖洋锡祉"四字	闽浙总督王懿德奏"神灵显应，护佑台湾洋面船只往返安稳收帆，鲜有失事"，请加封号。
11	清咸丰五年（1855）	加"恩周德溥"四字	热河都统英隆等奏海口洋面击退盗艇，系天后灵佑，故请加封。
12	清咸丰五年（1855）	加"卫漕保泰"四字	漕运总督邵灿奏"江苏海运，沙船全数安抵天津，收兑迅速，念神灵默佑"，故请加封。
13	清咸丰七年（1857）	加"振武绥疆"四字	史料未记具体事由。
14	清同治十一年（1872）	加"嘉祐"二字	海运绅董郁熙绳以"神护漕有功"，奏请加封。
15	清光绪元年（1875）	加"敷仁"二字	因保佑海面平安，故请加封。

注：清代封号加至同治十一年（1872）达六十二字，诏不再加，但光绪元年（1875）诏以"敷仁"二字封台湾苏澳、安平海神，后人遂将之与同治所封"嘉祐"合为"嘉祐敷仁"四字。

从清代赐封情况看，妈祖由于在国家事务中的头等大事——攻克台湾和平定林爽文起义中发挥重要作用，被当作"水师之神"以神力庇护清军，帮助完成平定台湾大业，受到朝廷的特别重视和礼敬，在清乾隆二年（1757）就被晋封为"天后"，与文昌帝君、关圣帝君三足鼎立，成为国家承认的最高品级的神祇。妈祖在国家事务中发挥"水师之神"作用的同时，仍然发挥着护佑国家使者出使的作用，发挥在国家漕运、盐运事务中担当保护神的作用，尤其是到了道光时期,河漕改海漕之后,妈祖作为国家事务中原来的"海漕之神"的作用又有较大恢复,被朝廷加封"安澜利运"之号。

到了晚清,社会动荡剧烈,形势严峻。1840年英国发动鸦片战争,此后西方列强又多次发动对华侵略战争,1856年英法联合发动第二次鸦片战争,1884年法国挑起了中法战争,1894年日本挑起中日甲午战争,1900年八国联军又悍然发动侵华战争,这些战争均以清政府丧师失地,签订丧权辱国的不平等条约而告终。在屡屡受挫中,清政权饱受海域的动荡、海疆的割裂、海权的丧失等海洋之害。因此,在清王朝对妈祖的赐封中出现了"恬波""靖洋""绥疆"等字眼,希望妈祖身为国家海神,能发挥保护海疆安全的作用。可以说,妈祖在清代"护国庇民"国家事务中发挥的作用比起宋、元、明代,范围更广,重要程度更甚,效果更为明显。

清朝官方大大宣扬妈祖的神性,进一步提高妈祖在国家事务中的地位。从妈祖封号等级看,超过了前代,从"天妃"升为"天后"。从褒封的内容看,光绪元年(1875),妈祖封号字数最多达到64字,成了"完美女性"的代表,展现出很多优秀的品德。对国之大事,其作为天后,作为水师之神、护漕之神,承担"辅政""护国"的职责;在信众日常生活中,其作为慈母,则承担护佑的职责。

清代妈祖不仅封号有提升,在祭祀规格上也有较大提高。就其祭祀次数和场面而言,是前几代无法媲美的。康熙五十九年(1720)康熙帝同意"令该地方官春秋致祭,编入《祀典》"[1],正式将妈祖祭祀纳入国家祭祀体系。康熙帝还亲自敕撰《谕祭天妃文》。雍正十一年(1733)后,各府县官祭祀妈祖的仪注基本统一,有的载入地方志:"每逢春秋日及三月二十三日诞辰致祭,设帛一(白色)、

---

① 蒋维锬、郑丽航:《妈祖文献史料汇编》(档案卷),北京:中国档案出版社,2007年,第23页。

爵三、铏一、簠一、笾四、豆四、羊一、豕一……正祭日五鼓，正印官诣庙，朝服行礼，前后三跪九叩，献饮醴，受胙仪与关帝同。"①这就表明妈祖祭祀已纳入各省沿江河地方祀典，享春秋二祭；且朝廷诏普天下行三跪九叩礼，代替了明代的三跪五叩礼，在《清会典》中能享此殊荣的只有孔子、关帝和妈祖。嘉庆十七年（1812），在圆明园中建造了皇家庙宇惠济祠，并于二十二年（1817）下令由官员在其中定期祭祀妈祖。在祭祀规格上，取少牢之祭，行三跪九叩礼，配有简单乐舞。至光绪帝时期，《顺天府志·祠祀》载："惠济祠，在绮春园内，祀护国庇民妙灵昭应宏仁普济福佑群生诚感咸孚显神赞顺垂慈笃祜安澜利运泽覃海宇天后之神……每岁春秋，择吉致祭。"②可见自嘉庆帝始把祭祀妈祖的春秋二祭作为与皇族有关的祭祀活动，代代沿承，并且都有明文规定。

为神灵修建庙宇也是对其在"护国庇民"国家事务中的地位给予肯定。清代国家敕建的妈祖宫庙、御赐的匾额也比前几代多，如清雍正八年（1730）敕建海宁海神庙天妃阁，乾隆二十二年（1757）敕修福建闽安镇天后庙，乾隆五十二年（1787）敕修厦门港口天后宫。

大致来说，自宋开始在国家力量的介入下，妈祖被历代政府用褒封称号"正身"，其祭祀被列入国家祭典体系提升影响力，以帮助统治者治国安邦。反过来，这些政府活动使妈祖在福建地方神祇中的地位大大提高，超越其他地方神祇而跃居为国家最重要的神灵之一。伴随妈祖地位的不断上升，妈祖信仰和以其为核心的妈祖文化影响范围也越来越大，成为民间文化中影响力最大的文化之一。

---

① 蒋维锬：《妈祖研究文集》，福州：海风出版社，2006 年，第 326 页。
② 周家楣、缪荃孙：《光绪顺天府志》，北京：北京古籍出版社，1987 年，第 166 页。

（五）现代出于海峡两岸交流发展和"21世纪海上丝绸之路"建设需要大力促进妈祖文化传承发展

中华民国建立后，国民政府内务部于民国十八年（1929）取缔全国所有神庙，莆田林春声等呈请福建省民政厅上报国民政府批准，改天后宫称"林孝女祠"。民国二十三年（1934），民国政府推行所谓"新生活运动"，禁止一切神庙香火。由于林默生前的救父寻兄及其他孝行，符合"四维"（礼、义、廉、耻）、"八德"（忠、孝、仁、爱、信、义、和、平）的"新生活运动"宗旨，全国天后宫庙改名"林孝女祠"，妈祖信仰文化在民间得以延续。①

新中国成立后，在历时十年的"文化大革命"中，各地妈祖庙惨遭厄运，或被当作他用或被拆毁，同样，湄洲妈祖祖庙也未能幸免于难。党的十一届三中全会后，宗教信仰自由政策得以恢复，妈祖信仰得到尊重和保护，以莆田为中心的全国各地再次掀起妈祖信仰的热潮。从政府到民间，从民俗到旅游、经贸、文化等系列活动，妈祖信仰和妈祖文化正在传承中得到进一步的发展。

许多被毁的妈祖宫庙，特别是沿海的妈祖庙也得到修缮或复建，没有被毁的则大多被列为各级文物保护单位，如"温陵圣庙"泉州天后宫、永定西陂天后宫，是全国重点文物保护单位；龙岩赤水天后宫为省级文物保护单位。妈祖宫庙的修复，有的由政府拨款，有的由信众捐资，或整修，或扩建，或重建。如同安银同天后宫，因年久失修于2003年由信众捐资重建。泉州天后宫，在政府及海内外信众的双重资助下，庙宇规模更是超出原建。而湄洲妈祖祖庙，这些年来，除了已修复的西轴线建筑群外，又在南轴线上完成了世

---

① 黄文格：《综述妈祖文化的形成与发展趋势》，《大众文艺（理论）》2008年第10期，第113页。

界上最大的妈祖庙建筑群的建造,包括大牌坊、宫门、钟鼓楼、顺济殿、天后殿、灵慈殿、妈祖文化展览馆、祈福殿、祈福宾馆等,新殿前还建有面积1万平方米的天后广场,与西轴线建筑群组成了规模宏大、雄伟壮观、楼亭交错、殿阁纵横的祖庙建筑群,被誉为"海上布达拉宫",树立起了妈祖信仰朝圣中心的威仪与风范。[①]

民间信仰离不开相关的民俗活动。妈祖信仰在千百年的传承与演进中,也形成了一系列独具特色的民俗文化活动,如妈祖元宵、妈祖回娘家、谒祖进香、妈祖生(日)、升天祭、诵妈祖经等仪式,还有摆棕轿、妈祖舞、耍刀轿、妆阁出游、演妈祖戏、摆妈祖宴等。这些民俗文化活动,一方面丰富了广大民众的精神文化生活,另一方面也进一步强化了民众的信仰热诚。同时,除了继承和保留已有的民俗习惯外,人们又创新增加了如妈祖祭典、妈祖金身巡安、妈祖宴等新的内容,使妈祖民俗活动更加丰富多彩和更具时代性。

与此同时,妈祖文化产品开发与妈祖文化研究受到了重视。不少市县先后成立了专门的妈祖研究机构,坚持一本与多元相结合的做法,开展形式多样、内容丰富的产品研发与文化研究活动,取得了丰硕的成果。一本,就是以弘扬妈祖文化、促进社会和谐发展、推动海峡两岸交流交往发展为共同宗旨;而多元,就是各地具体做法上各具地方特色。

以妈祖信仰为核心的妈祖文化作为中华传统文化的一朵奇葩,一直是维系两岸同胞的精神纽带。台湾地区近2400万人口中,妈祖信众就达1700多万人。在台湾,妈祖代表着"根",代表着家乡,许多台胞把妈祖当作与故土紧密联结的重要感情纽带。因此,妈祖文化在海峡两岸交流交往中具有特殊作用,如:1987年10

---

① 陈启庆:《福建妈祖信仰的新特点及对台湾的影响》,《莆田学院学报》2005年第3期,第85页。

月,两岸民间在湄洲岛举办"妈祖千年祭",约 10 万台湾妈祖信众突破台湾当局的限制,前来湄洲岛参加妈祖祭典,促使台湾当局开放台胞返大陆探亲旅游。1989 年 5 月,台湾宜兰县苏澳南天宫董事会组织 20 艘船共 224 人突破台湾当局禁令直航湄洲岛,首开台湾民众海上直航大陆的先河。1997 年 1—5 月,湄洲妈祖金身千年首度巡游台湾 100 天,驻跸 18 个县市 35 个宫庙,受到上千万人次的顶礼膜拜。2006 年 9 月,台湾妈祖联谊会发起的由台湾 50 多家妈祖庙宇、4300 多位台胞信众与在大陆的 2700 多位台胞信众组成的 7000 多人的特大型进香团前来福建进行的为期 4 天的谒祖之旅和民俗文化交流活动,成为迄今为止最大规模的两岸妈祖文化交流盛事。2008 年 10 月底至 11 月初,18 个国家和我国台港澳地区的妈祖宫庙代表,捧着 323 尊妈祖分灵神像来到妈祖故乡省亲谒祖。这是有史以来最大规模的妈祖分灵神像集中"回娘家"活动。2009 年 2 月 13 日,台湾嘉义市天后宫牵头组织 26 座妈祖宫庙 600 多名信众,恭奉 90 多尊妈祖神像到湄洲妈祖祖庙谒祖进香。其中,428 人搭乘"合富轮"从嘉义布袋港直航湄洲岛。这是台湾妈祖信众首次乘坐客轮从本岛直航湄洲岛进香。2014 年 3 月 9 日,台湾彰化大埔乡北极殿一行 41 人,首次到湄洲妈祖祖庙谒祖进香。2018 年 2 月 28 日,台湾嘉义溪北六兴宫江筱芃主委率团一行 280 多人,200 多年来首次回湄洲妈祖祖庙谒祖进香。2019 年 4 月 11—12 日,金门县 26 家妈祖宫庙组成 1600 多人的妈祖文化交流团,赴湄洲谒祖,并共植"两岸同愿林"。这是金门县历年来赴大陆开展妈祖文化交流的最大的团组。

由于妈祖文化在海峡两岸交流交往中起到十分重要的桥梁和精神纽带作用,中央多位主要领导对加强妈祖文化建设,促进两岸进一步交流做了指示。习近平总书记曾视察湄洲妈祖祖庙,指示要高度重视妈祖文化在两岸沟通和推进祖国统一大业中的特殊作用。

在现代社会,妈祖文化除了在两岸事务上发挥作用,在集聚海内外各方力量建设"21 世纪海上丝绸之路"、维持社会稳定和社会秩序、践行社会主义核心价值观等方面也发挥重要作用。

妈祖信仰随着信奉妈祖的福建人和广东人移居世界各地而传播至各地,其范围已遍及全世界。在海外华人居住区,妈祖宫庙极为普遍,在纽约甚至有"一条华人街,两个天妃宫"的说法。妈祖由于与儒释道相交融成为海外华人生活的有机组成部分,在华人社会中具有极强的聚合功能。他们认为妈祖是中华文化的瑰宝,是超越社会制度、超越政治信仰,联结中华儿女的心灵纽带。因此,他们通过妈祖崇拜这样一条宗教文化的纽带,来体现自己对中华民族文化的认同,寻找自己的根。这种"寻根"的信念,反过来使妈祖信仰具有了强大的生命力,并得以长期延续下来。同时,这些海外妈祖宫庙不仅仅是进香的祠庙,更多的是作为侨胞聚首的会馆,成了加强侨胞团结,增强他们中华民族心理认同感的重要场所。

习近平总书记在 2013 年 9 月和 10 月分别提出建设"丝绸之路经济带"和"21 世纪海上丝绸之路"的倡议后,"一带一路"建设已成为以习近平同志为核心的党中央主动应对全球形势深刻变化、统筹国内国际两个大局做出的重大决策。妈祖文化在海外尤其在"海丝"沿线国家特定环境下具有强大的磁场,成为海外华人与当地族群互相认同的纽带,成为促进情感交流、商务交往的纽带,可以促进"海丝"沿线国家间经贸的合作发展。妈祖文化的海洋性、重商性、重诚信和努力拼搏的精神,会鼓励"海丝"沿线国家人民开拓进取、同舟共济、忘我无私、自强不息、百折不挠,不断创造商业奇迹,促进亚太地区的和谐与稳定发展。①

---

① 官品佳、袁书琪:《妈祖文化内涵及其在亚太合作发展中的重要功能》,《资源开发与市场》2012 年第 2 期,第 21 页。

中国一贯主张和平利用海洋,合作开发和保护海洋,公平解决海洋争端。但当前我国的和平海洋战略面临着这些问题:(1)周边一些国家、地区对我国的和平海洋战略缺乏了解,与我国在东海、南海发生争端,出现不和谐的声音;(2)大陆与台湾之间的关系还存在着某些不稳定性,特别是在政治互信、军事互信方面还有相当长的路要走;(3)西方海洋霸权主义的影响依然存在,急需一种海洋和平文化来与之相互比较、相互交融,形成一种为国际广泛认同的新的海洋文化和海洋政治理念,以调节、规范世界各国的海洋行为。妈祖作为中国、日本等亚太国家都崇敬的"海上和平女神",可以作为良好的海洋文化沟通媒介,发挥情感纽带和沟通桥梁作用,召集国际各方人士一起探讨解决争端、谋求共同发展的路径和方法,推动亚太地区各方海洋文化的相互交流,创造一个和平发展的文化环境,强化各方在寻求海洋事业发展和进步过程中的和谐共生关系,以实现亚太地区乃至全世界海洋事业的稳定可持续发展。

妈祖集真、善、美于一身,所体现出来的慈悲博爱、无私无畏、救人急难、公平诚信等高尚精神,是值得效仿的道德典范,因而千百年来得到民众的称颂和敬仰,成为人们行事做人的楷模。妈祖文化所具有的劝善、求真、倡美的社会道德教化功能只要得到充分发挥,就能在社会上产生明荣知耻、倡导高尚的作用。

妈祖的爱是一种超越等级观念、民族界限、性别差异的广博的爱,是一种无私无求的真诚的爱。这种爱已成为一种文化积淀,深深植入妈祖信众的心中。它要求人们自觉地克服反道德的因素,使人心向善,缓解人与人之间的冷漠、对立乃至敌对的关系,促使建立友爱、和谐的关系,促进和谐社会的建设。

三、妈祖文化的特征

从文化的性质而言,妈祖文化既有儒释道文化的元素,又有海洋文化的元素,是中华传统文化的瑰宝。

(一)妈祖文化是一种包容性文化

中国传统的文化是儒释道文化,在长期的熏陶下,妈祖文化不可避免地打上其深深的烙印。妈祖的父亲是深受儒学影响的,她的母亲则是信佛教的,妈祖本身一开始是学道教的,于是中国传统主流文化的三部分都在妈祖文化上留下印记。元代黄渊《圣墩顺济祖庙新建蕃釐殿记》中称妃"即普陀大士之千亿化身也",明代《三教源流搜神大全》描写妈祖母亲"尝梦南海观音与以优钵花,吞之,已而孕,十四月始娩身得妃"。自宋代以来,就有家家弥陀佛、户户观世音的说法。不管妈祖是不是作为观音菩萨的化身,她救苦救难的传说都进入了观音神话体系。明代中国流传的《太上老君说天妃救苦灵验经》说妈祖前生是妙行玉女,到人间救民疾苦;明万历年间吴还初《天妃娘妈传》说妈祖乃"北天妙极星君之女玄真"下凡。他们将妈祖引入道教神话体系,将她塑造成为道教的神仙,从而凸显了妈祖信仰与道教的关系。而儒家对鬼神敬而远之,儒学无神仙体系,故在宣扬妈祖的功绩时,以儒家的仁、义、忠、孝、勇等为主要内容。

妈祖文化十分包容,能与当地民俗民风紧密地结合在一块,使妈祖成为当地民众所喜爱、向往、崇敬的一尊神明。妈祖庙堂里供奉着诸多著名神明,而且是有地方特色的神明。例如,天津天后宫、台湾新港奉天宫都供奉有数百尊神灵,包括地方神灵,诸如虎爷等。一种神灵代表着一种地方文化,可以说,妈祖宫庙是中华民族文化的一个博览馆。从妈祖的众多故事与传说中,我们完全能够感受到妈祖文化是如何深深扎根于中华传统主流文化和民间文化驳杂的沃土之中的。

(二)妈祖文化是一种大爱文化

在妈祖传说中所体现出来的仁爱、仁慈、仁德等,是一种无疆大爱。纵观妈祖传说,普世济民占了很大篇幅,急民众之所急,忧民众之所忧,乐民众之所乐,在民众的心目中妈祖是一位可亲、可爱、可靠、可信的"母亲"。元代黄渊在《圣墩顺济祖庙新建蕃釐殿记》一文中对妈祖与其他诸神进行过比较,他认为:"他所谓神者,以死生祸福惊动人,唯妃生人、福人,未尝以死与祸恐人,故人人事妃,爱敬如生母。"妈祖是一尊不以生死祸福威慑人,而是一味保佑人的神,也正是这种特有的内涵,使得妈祖这尊女性之神具有了更多的母爱色彩和亲和之力,体现出大爱无疆的特征。

(三)妈祖文化是一种和平文化

妈祖是以和平、自由、平等、共存的形象被冠以"和平女神"的称誉。中华民族自古以来追求的"和"在妈祖文化中得到充分的展现。妈祖最富有特色之处是她的包容与和谐,"和"是妈祖区别于其他神祇的一个重要特征,也是中华海洋文化与西方海洋文化一个极为重要的区别。

郑和七下西洋是历史的壮举,也是和平之旅,中外尊称他是"海军将军"。郑和与海上丝绸之路、郑和与妈祖、妈祖与东南亚都有非常密切的联系。妈祖文化的重大意义之一是她把中华民族爱好和平、共谋发展的理念传出国门,播向世界,在与世界各国文化的交流中表达着一个共同的愿望:和平共处、和平发展,共建美好家园。

妈祖信俗于 2009 年被联合国教科文组织列入人类非物质文化遗产代表作名录,标志着妈祖文化被正式列入文化人类学的范畴。妈祖文化中的博爱、自由、平等、正义、和平的宝贵特质,具有普遍的文化人类学意义,尤其是"和平"的理念,充分表达了全人类共同的心声,是人类永恒的追求。

(四)妈祖文化是一种拼搏文化

妈祖是海洋族群的精神寄托和保护神。妈祖文化通过妈祖神格魅力影响广大群众,帮助人们在心理上增强克服困难的信心与勇气,从而激励他们勇往直前、不畏艰险、开拓进取。据郑和《天妃之神灵应记》碑云:"而我之云帆高张,昼夜星驰,涉彼狂澜,若履通衢者,诚荷朝廷威福之致,尤赖天妃之神保佑之德也。"天妃庇佑给予郑和船队以鼓舞力量和开拓进取的信心,推动他们去战胜航行途中的种种艰难险阻。妈祖文化作为一种海洋文化,不仅表现出我国人民对于自然不畏艰险、勇往直前、积极征服的态度,而且表现了沿海人民不断拓展生存空间、追求美好生活的开拓奋斗精神。

第二章 妈祖文化与海上丝绸之路

海上丝绸之路是古代中国与世界其他地区进行经济文化交流的海上通道。在唐中期前,对外主要通道是陆上丝绸之路,安史之乱后,陆上丝绸之路中断,与外国的商贸受阻,南方海路开始承担起中外交流主干道的历史重任。但在当时航海技术和造船技术落后的情况下,在航行过程中遇到危险是航海者面临的最大困难。在人们普遍信奉神灵的时代,宋代产生的海神妈祖成为航海者的灵魂寄托。人们在海神妈祖保佑下更加积极地开展海上贸易,从而推动了海上丝绸之路的发展。

一、妈祖文化与古代海上丝绸之路的关系

(一)妈祖文化广泛传播促进古代海上丝绸之路的延续与发展

我国古代航海事业的发展与妈祖文化的传播息息相关。自宋代以来,随着中国航海家们的足迹,妈祖文化影响遍及古代"海丝"沿线的各个国家和地区,成为世界上独树一帜的海洋文化之源。

中国人很早就开始向海洋进军。秦汉时期,方士徐福三次东

渡求仙,秦始皇亦多次巡幸山东半岛,汉武帝步求仙后尘有过之而无不及,他们虽未能如愿,却无意间推进了造船、航海和港口的发展。自汉代开始,绵延 2000 多年的中外贸易和东西方交流成为贯穿中国古代社会发展的主线,海外交往势盛而时久。例如,以古代四大港口之一的登州港为始发港的东方海上丝绸之路,连接中国与朝鲜、日本等国之间的贸易往来,带动了渤海和山东半岛航海业的发展。据记载,"登州海行入高丽、渤海道"①,以登州港为起点的航线分为两条:一条渡渤海海峡到辽宁旅顺口,再沿辽东半岛到鸭绿江口,然后沿朝鲜半岛南下,过对马海峡到日本;另一条经八角、芝罘,再渡黄海,到朝鲜仁川,然后沿朝鲜半岛南下,过对马海峡到日本。

宋时,辽国屡屡来犯。由于内地通往辽东半岛和朝鲜半岛的陆路交通被阻隔,宋金两国间的交流势必靠海上船队来完成。加之宋代的造船水平和航海技术提高以及指南针的发明与使用,航海更加安全,航线距离明显缩短,两国的使臣和贸易来往频繁,锐势不减。北宋灭亡后,南宋与金争战于山东半岛,海上航线南移。元朝主要发展陆上交通和海上漕运,拥有南北万余里的海上航线,海上贸易发展相对增强,逐步进入黄金时期。

从松都附近港口横穿黄海至朝鲜半岛的航线太长且十分危险,曾多次遭遇海难。定都南京的明朝廷接受高丽国王的请求,答应改道经辽南渡海至登州。据史书记载,明代是妈祖文化走向世界的开始。明洪武初,明太祖"敕封闽人三十六姓"赴琉球定居,主要担任通事,教授四书五经等,后琉球在永乐二十二年(1424)建有妈祖宫。日本信奉妈祖除有史可稽的片浦林家妈祖外,尚有北半

---

① 欧阳修、宋祁等:《新唐书》卷四三下《地理志·七下》,北京:中华书局,1975年,第 1151 页。

岛的大间浦、茨城县北部的矶原、同县中部的珂奏、摩萨半岛的坊津。在东南亚，马来西亚马六甲的青云亭创建于明代，宝山亭创建于 1795 年，槟榔屿广福宫创建于 1800 年；新加坡的天福宫创建于1850 年；泰国曼谷石龙军路的圣妈庙创建于 1856 年，并以妈祖为街道名称；越南胡志明市天后宫又称穗城会馆，始建于 1761 年；缅甸南部丹老铳衙街的天后宫创建于 1824 年；印尼南班登安街的妈祖庙创建于 1856 年。东南亚国家普遍建有妈祖庙，推动海上丝绸之路不断稳固发展。

在中外关系史上，我国许多和平外交活动与妈祖文化传播有密切关联。宋代对外派遣使节，明代郑和七下西洋历访亚非 40 多国，明、清两朝持续近 500 年对琉球中山国的册封等，都是借助妈祖为精神支柱而战胜海上灾难，圆满地完成和平外交任务。外交使节们为报答妈祖神功，写下大量颂圣文章。郑和《天妃之神灵应记》碑详细记录七下西洋的过程，订正了史书记载的讹误，也弥补了其不足。清康熙二十二年（1683）中国册封使汪楫所著《使琉球杂录》详述在妈祖庇佑下，封船如"凌空而行"，飞速通过钓鱼屿（今钓鱼岛）、黄毛屿（今黄尾屿）、赤屿（今赤尾屿）而进入琉球国境的姑米山、马齿山海域，使迎接天使的大夫郑永安惊叹如"突入其境"。①

在中国反侵略战争史上，有关古籍曾记载中国水师将领依恃妈祖庇护多次把殖民主义者驱逐出澎湖海域之事。澎湖妈祖庙迄今存有一块"沈有容谕退红毛番韦麻郎"的石碣，这是明万历三十二年（1604）荷兰殖民者企图强占澎湖，沈有容从厦门率船队抵达澎湖，令其无条件撤离后的刻石纪功。明天启四年（1624 年），中

---

① 汪楫：《使琉球杂录》，转引自黄润华、薛英：《国家图书馆藏琉球资料汇编》（下），北京：北京图书馆出版社，2000 年，第 113～114 页。

国水师复在澎湖克敌制胜,迫使侵略军首领牛文来律在妈祖庙签字投降。至于妈祖助郑成功率领的舰队顺利进入台湾鹿耳门港的传说,在台湾则已家喻户晓。

在古代,对大多数中国人而言,知之甚少的海外世界具有十足的神秘感,每当远航前人们都要到海神庙祈求神明保佑航行平安。为了给航海者祈祷提供方便,沿海地区特别是港口码头建造有大量的海神庙,其中妈祖庙最为常见。①《夷坚志》卷九中的《林夫人庙》记载:"兴化军境内地名海口,旧有林夫人庙,莫知何年所立,室宇不甚广大,而灵异素著。凡贾客入海,必到祷祠下。求杯珓,祈阴护,乃敢行,盖常有至大洋遇恶风而遥望百拜乞怜,见神出现于樯竿者。"②《漳州府志》:"海澄县天妃宫在港口,凡海上发舶者皆祷于此。"③

从起航下针起,就要举行祭祀海神仪式,颂念疏文,祈求一帆风顺,往回大吉。商舶的规模较大,有条件设置神龛,供奉各种海神,早晚定时祭拜祈祷。早在宋代,福建的商舶就有"请神之香火而虔奉之"的习俗。④ 明清时期,商舶设置神龛,供奉海神的现象已经相当普遍。《东西洋考》记载:"(协天大帝、天妃、舟神)以上三神,凡舶中来往,俱昼夜香火不绝。特命一人为司香,不他事事。舶主每晓起,率众顶礼。"⑤在海舶中奉祀的海神,多数是妈祖,俗

---

① 郑衡泌、俞黎媛:《妈祖信仰分布的地理特征分析》,《福建师范大学学报(哲学社会科学版)》2007 年第 2 期,第 19～27 页。

② 洪迈:《夷坚志》卷九《林夫人庙》,北京:中华书局,1981 年,第 560 页。

③ 陈叔侗点校:万历《漳州府志》卷三一《古迹·坛庙》,厦门:厦门大学出版社,2010 年,第 564 页。

④ 方略:《有宋兴化军祥应庙记》,郑振满、丁荷生:《福建宗教碑铭汇编·兴化府分册》,福州:福建人民出版社,1995 年,第 13 页。

⑤ 张燮著,谢方点校:《东西洋考》卷九《舟司考》,北京:中华书局,1981 年,第185～186 页。

称"船仔妈",有关文献记载甚多,诸如:"天后圣母……灵显最著,海洋舟中,必虔奉之。"①"海上诸舶,祠之(天妃)甚虔。"②王荣国教授曾对《历代宝案》中记载的有供奉神灵的 26 艘中国船只进行分析,其中有 22 艘供奉妈祖,③除了妈祖外,商舶中还供奉关帝、观音等。

　　船舶沿途停靠之处,人们往往也要登岸,到神庙祭祀。明清漳州龙海道士的《安船酌钱科》中记述了从海澄经厦门"北上""南下""往东洋""往西洋"的四个旱路,其中不少地名附有妈祖、土地、龙王爷、观音、关帝、三官、水仙王、靖海、五帝、大使爷、阮夫人等诸多神灵名字,这些"有标明神灵名号者大都是海洋商舶在海上行驶途中登岸祭拜或在船上焚香遥拜乃至招神上船的地点"④。航海过程中,当遇到台风巨浪或触礁搁浅等海难时,船上所有人员更是把命运寄托于海神保佑,出现各种各样的祭拜海神妈祖的活动。

　　返航时,也要祭祀妈祖。《增补华夷通商考》记载:"来长崎的唐船号船菩萨者,第一位妈祖,又号姥妈……归航之时将菩萨载于船上,于途中市井始终鸣金鼓,吹喇叭。菩萨既至其船,港中类船(其他唐船)皆鸣金鼓三三共九遍。待其船展归帆,起船锚,放石火矢,鸣金鼓之时,港中类船皆鸣金鼓三三共九遍以贺其启程。此礼

---

① 袁枚:《子不语》,《袁枚全集》第四册,南京:江苏古籍出版社,1993 年,第 5 页。

② 谢肇淛:《五杂俎》卷一五《事部三》,沈阳:辽宁教育出版社,2001 年,第 315 页。

③ 王荣国:《海洋神灵:中国海神信仰与社会经济》,南昌:江西高校出版社,2003 年,第 221~231 页。

④ 王荣国:《海洋神灵:中国海神信仰与社会经济》,南昌:江西高校出版社,2003 年,第 131~141 页。

法为唐土之风俗。"①

妈祖信仰为航海者提供了强大的精神支柱,帮助他们克服心理上的恐惧,并勇敢地跨出家门,走向海洋。明代谢肇淛《五杂俎》记载:"海上有天妃神甚灵,航海者多著应验。如风涛之中,忽有蝴蝶双飞,夜半忽现红灯,虽甚危,必获济焉。天妃者,言其功德,可以配天云耳,非女神也。闽郡中及海岸广石皆有其祠,而贩海不逞之徒往来恒赛祭焉,香火日盛,金碧辉煌。不知神之聪明正直,亦吐而不享否也。"②现存《南阳光绪十年重修宛郡天后宫碑记》在讲述天后神异故事时也说:"未有航海遇患而不求援于神,未有求援于神而不得生。"类似的记载带有神话色彩,不能深信,但神话背后有合理的因素,即共同的信仰能在特定的条件下调动虔诚信仰者巨大的潜能,齐心协力去克服航行中遇到的种种困难。

不仅民间的航海活动,官方的大规模航海活动也离不开海神妈祖的庇佑。如郑和下西洋沿途祭祀妈祖、明清册封琉球时祭祀妈祖贯穿始终等。正如《御制弘仁普济天妃宫之碑》中所言,他们认为妈祖是"上帝有命司沧溟,驱役百怪降魔精。囊括风雨雷电霆,时其发泄执其衡"的神灵,虔诚崇拜妈祖就可以化险为夷。

妈祖信仰既反映了时人对海上巨大风险的畏惧心理,又体现了航海者借助海神信仰战胜各种艰难险阻的必胜信念。妈祖信仰是海上丝绸之路的精神支柱和文化纽带,如新加坡天福宫1830年树立的碑文写道:"……我唐人由内地帆海而来,经商兹土,惟赖圣母慈航,利涉大川,得以安居乐业,物阜民康,皆神庥之保护也。"也许可以这么说,没有海神信仰便不会有海上丝绸之路的开辟,没有

① 李献璋著,郑彭年译:《妈祖信仰研究》,澳门:澳门海事博物馆,1995年,第250页。

② 谢肇淛:《五杂俎》卷四《地部三》,沈阳:辽宁教育出版社,2001年,第270页。

妈祖信仰也就没有海上丝绸之路的延续与发展。

(二)古代海上丝绸之路的蓬勃发展促进了妈祖文化的迅速传播

妈祖由福建湄洲岛的林姓女子发展到民间推崇的"天上圣母"和纳入国家祭典的"天后"的全能女神形象,是古代海上丝绸之路发展背景下官民互动的结果。妈祖信仰起源于民间,而官方的推崇却在女神形象的塑造作用中起了主导作用。南宋绍兴二十年(1150)廖鹏飞的《圣墩祖庙重建顺济庙记》写道:

> ……世传通天神女也。姓林氏,湄洲屿人。初,以巫祝为事,能预知人祸福;既殁,众为立庙于本屿。圣墩去屿几百里,元祐丙寅岁,墩上常有光气夜现,乡人莫知为何祥。有渔者就视,乃枯槎,置其家,翌日自还故处。当夕遍梦墩旁之民曰:"我湄洲神女,其枯槎实所凭,宜馆我于墩上。"父老异之,因为立庙,号曰圣墩。岁水旱则祷之,疫疠崇则祷之,海寇盘亘则祷之,其应如响。故商舶尤借以指南,得吉卜而济,虽怒涛汹涌,舟亦无恙。①

同时代的莆田籍状元黄公度于绍兴二十一年(1151),遭贬赴平海军(今泉州)任节度使判官,游圣墩顺济庙,作《题顺济庙》一诗,云:"枯木肇灵沧海东,参差宫殿崒晴空。平生不厌混巫媪,已死犹能效国功。万户牲醪无水旱,四时歌舞走儿童。传闻利泽至今在,千里危樯一信风。"

随着妈祖信仰影响力的扩大,统治者为了政治统治的需要,利用妈祖海上保护神的身份庇佑官兵海上战事及商民海运的平安,

---

① 廖鹏飞:《圣墩祖庙重建顺济庙记》,蒋维锬编校:《妈祖文献资料》,福州:福建人民出版社,1990年,第1页。

发展海洋事业。将民间自发的神灵纳入官方范畴,通过多次褒封、修建庙宇、遣使祭奠等措施,妈祖经历了由民间自发供奉的神灵晋升到官方钦赐神灵的过程。

北宋宣和五年(1123),朝廷因妈祖护航作用,赐"顺济"匾额于当时的"通贤灵女庙",妈祖在国家层面上得到首肯。南宋绍兴二十六年(1156),首次加封妈祖为"灵惠夫人"。后妈祖由于为国家使者保驾护航、助官军剿灭海盗、战胜瘟疫、布雨抗旱等事迹,由"夫人"升级为"灵惠妃",在宋代的地位不断上升。其形象不断由社会主流价值观进行调适与重塑。元代因妈祖庇佑海运、保护漕运对妈祖进行了五次褒封,将妈祖从"妃"提升到"天妃"的位置,与天神同尊。同时把妈祖祭祀列入国家祭典,每到妈祖诞辰、升天之日,朝廷都会到一些主要的妈祖庙祭祀。每次漕运粮食抵达直沽,朝廷都要派人南下祭祀天妃。此外,还曾三次特意派遣官员到湄洲致祭。元代对海运的依赖造就了妈祖在国家祭祀体系中的特殊地位,使其成为主管全国漕运的女神。明代对妈祖加封采用元代"天妃"的称号。明成祖将妈祖祭祀正式纳入京都祀典中,由朝廷每年定期遣太常寺官致祭。并且,祭典形式也更加隆重,无形中提高了妈祖的地位,而且在明朝统治阶层和民众中不断扩大影响。清朝由于对平定台湾问题的重视,妈祖的神威得到宣扬,封号也由"天妃"上升为"天后",被文人引用到民间演变为"天后圣母"和"天上圣母",妈祖形象披上"慈母"的光辉。至此,在国家层面上完成了妈祖的"完美女性"和"完美女神"形象的塑造。因此,从宋代开始,随着官方对妈祖不断地褒封和推崇,在海上丝绸之路所至之处,基本上都有妈祖文化的传播与发展。

在民间,由于受到当时社会经济技术条件的限制,民众的活动范围相对狭小,妈祖信仰一开始在乡里乡亲之间小范围传播,多为祈求妈祖保佑自身平安,以求心灵的慰藉。造船与航海技术的发展使得海商群体和移民群体开始活跃起来,他们出于各种历史与现实的需求也加入了妈祖信仰的行列中,而他们的加入使妈祖文化传播到更多的沿海城市和国家。

特别是 19 世纪,中国国内社会矛盾加剧,局势动荡,人民生活困难,因而很多贫困交加的农民和破产手工业者纷纷逃往东南亚谋生——史称"下南洋"。这部分下南洋的华人大多来自闽粤琼桂等地区。他们在海上航行之时,奉祀南方百姓的海上保护神——妈祖,祈求保佑海上平安。到达目的地之后,更是建造庙宇供奉,祈求妈祖继续庇佑他们在侨居地顺利地生存发展。于是,妈祖信仰就通过公共习俗的方式在东南亚华人的生存与发展中发挥着重要作用。

海外华侨初到一处,人生地不熟,不仅遭到殖民政府的欺凌和敲诈,同时也要忍受环境不适的考验。因此,华侨本能地选择了团结互助,共渡难关。起初维系华侨关系的最基本的组织是宗亲会和同乡会。他们在居住地搭建起简单的房屋,作为活动的场所。由于妈祖是海外华侨,特别是东南亚华侨共同的信仰,华侨们往往在活动场所也会供奉上妈祖,以求神灵庇护。华人华侨通过辛勤的打拼,生活有了明显改善,整个华侨社会的财力也明显增强,于是他们修建起了蔚为壮观的建筑,一来感谢妈祖的庇护,祈求更美好的生活,二来作为联系宗族同乡的活动场所——会馆。供奉妈祖的庙宇中便设置了联系宗亲的会馆,或是会馆中附加设置了供奉妈祖的庙宇。于是,在东亚、东南亚等"海丝"沿线国家和地区的各式各样会馆的建设带动了妈祖文化的迅速传播和发展。

二、妈祖文化与"21世纪海上丝绸之路"的关系

"21世纪海上丝绸之路"(The 21st Century Maritime Silk Road)是中国国家主席习近平2013年10月3日在印尼国会发表重要演讲时首先提出的。"21世纪海上丝绸之路"主要有西线、东线和南线三条线。西线从中国沿海港口过南海,经马六甲海峡和印度洋,途经东南亚、南亚、西亚、中东、北非,通达欧洲。东线不仅直抵朝鲜半岛、日本和俄罗斯远东地区,而且可以到达北美洲和南美洲;随着北极环境变化和北极航道的开通,甚至可以通过北极航道,抵达欧洲和北美大陆东海岸。南线从中国沿海港口过南海,经东南亚抵达南太平洋国家,这是"21世纪海上丝绸之路"的自然延伸。"21世纪海上丝绸之路"建设应是亚、欧、非、南美、北美、大洋洲的联动和互动,其沿线大多是新兴经济体和发展中国家,将成为推动地区和世界经济发展的重要引擎。

(一)妈祖文化在建设"21世纪海上丝绸之路"中的独特作用

宋代以来,妈祖文化逐渐在"海丝"沿线国家的东亚、东南亚及其他国家传播,成为文化交流的桥梁和纽带之一。如今,妈祖文化也必将在推进"21世纪海上丝绸之路"建设中发挥积极的重要作用。

"21世纪海上丝绸之路"建设所带动的人文交流和民心相通,必然会引发区域内不同文明之间的碰撞和交流。随着不同文明之间交流的深入,将会产生一些区域的共同价值观。"21世纪海上丝绸之路"建设是提升中国文化软实力,增强我国国际影响力的重

要途径。2009 年,妈祖信俗成为世界非物质文化遗产,妈祖文化就此成为人类共同的精神财富。妈祖本身又是促进中外交流和沟通的和平女神。因此,以"立德、行善、大爱"为核心的妈祖文化已受到世人的关注与敬仰,可以为推动"21 世纪海上丝绸之路"区域共同价值观的形成发挥作用。

妈祖"海洋女神"形象有利于"海丝"沿线国家民心相通。妈祖文化具有典型的海洋文化特征。肩负着对航海的庇佑职责、伴随着我国海洋事业的发展,妈祖文化从东南福建沿海出发,借助广州、泉州、宁波三大港口的力量,随着中国货物传播到沿海各省乃至东南亚各国。妈祖海洋女神的形象早已在海上丝绸之路上得以塑造,妈祖成为所有"海丝"沿线国家航海的守护神。这种文化的认同让民心相通,为今天我们建设"21 世纪海上丝绸之路"奠定了良好基础。

柔性情感传播,塑造妈祖"完美女神"形象,有利于加速中国文化与"海丝"沿线国家文化共同发展。妈祖"完美女神"形象的成功塑造源自民间对妈祖生前、死后升天显灵事迹的传颂,触动受众心灵情感,使其自觉主动参与传播妈祖文化。柔性传播更讲求以温和、友善、平等的态度,通过文字、声音、图片、动画、视频等灵活多变的表现形式,传播趣味化、生活化、个性化的丰富内容,注重受者的主动性和传播的双向性。因此,柔性传播多为民间组织、民众主导,结合本土文化特色,建立起传递和反馈的双向沟通渠道,适宜长期、持久地传播,以达到潜移默化的效果。① 当前,妈祖文化柔性传播在民间文化活动层面拉近与受众之间的距离,更容易引起受众情感上的共鸣,增强"海丝"沿线国家对妈祖文化和中国文化的认同感,形成文化共识。

---

① 任清华:《妈祖文化导论》,厦门:厦门大学出版社,2016 年,第 124 页。

　　妈祖匡扶正义、对抗邪恶,心系百姓、心怀天下,追求世界和谐。其孝敬父母、爱护兄长,彰显了中国妇女的传统美德;抗击自然灾害、庇佑国家,具有男子般的英勇;救民危难、送人子嗣、慈悲为怀、普度苍生,实现了完美的人生价值。妈祖完美的女神形象包含了中国官方与民间多重的角色期待。民间希望妈祖是孝女,是贤妻,是圣母,坚守圣洁、战胜凶险、呼风唤雨、避灾除患等无所不能。官方希望妈祖是"天妃""天后",心怀天下、普济苍生、保护海运(漕运)、佑国安民、统一疆土,实现道德教化、安抚民心、政治统一的目的。在官民的双重期待下,妈祖融中国传统社会中男性与女性的双重功能角色于一体。妈祖崇拜,迎合世界特别是"海丝"沿线国家解放妇女、构建和谐性别关系的需求,也有利于国际社会改变对中国性别文化的传统认知。

　　妈祖崇拜有利于增强海外华人的民族认同,促进海外华人华侨对中华传统文化的传承发展。"21世纪海上丝绸之路"建设需要世界华人的凝神聚气、积极参与。"有海水的地方就有华人,有华人的地方就有妈祖。"妈祖不仅仅是中华民族的航海守护神,更是海外华人民族认同的精神力量。通过妈祖信仰,海外华人增强了对中华民族的凝聚力和向心力,提升了作为"龙的传人"的自豪感。旅居海外的华人,身处不同地域、不同文化,在不同的世界观和价值观下,正是妈祖信仰促进了他们内部的团结和谐。随着时间推移,海外华人展现妈祖文化,传播妈祖"立德、行善、大爱"的精神。2016年11月,首届"世界妈祖文化论坛"在湄洲岛召开后,不仅让湄洲岛这个小小的岛屿成了焦点,更让妈祖文化的影响力得到了空前提升。

　　妈祖信仰不仅在血缘和地缘上发挥了重要作用,而且在经济领域有举足轻重的影响。它激发海外华人的家乡情结,带动海外华人寻根问祖、回乡投资创业的热情。"21世纪海上丝绸之路"的起点城市纷纷利用妈祖文化交流、学术探讨、妈祖祭祀等相关活动,在吸引相关学者和信众的同时,搭建交流平台,打造中外交流合作机制,进一步完善投资环境,畅通海上运输,做强现代物流,实现投资便利化。在妈祖信仰的凝聚下,海外华人正日趋成为服务国家"一带一路"建设的新生力量。

(二)建设"21世纪海上丝绸之路"促进妈祖文化的传承与发展

国家软实力是 21 世纪各国国力竞争的重要内容。美国学者约瑟夫·奈认为,随着国际政治性质的变化,国家凝聚力、国际制度等无形的权力正在被赋予新的意义。这种无形的权力是其他国家更愿意追随其后的力量,是一个国家不必采用军事力量就能够达到预期目的的软实力,它来自文化和意识形态的吸引力、国际机制的规则和制度等资源。[1] 从国际社会的现实来看,冷战后很多国家都在加强软实力的建设,力图通过增强国家软实力来提升国际地位和维护国家意识形态安全。

文化是国家软实力的重要内容,是意识形态的重要载体。一个国家的国际地位和国际影响力往往与其文化的影响力和吸引力有着密不可分的关系。"妈祖文化是劳动人民千百年来尊崇、信仰妈祖过程中遗留和传承下来的物质及精神财富的总称,是中华民族重要文化瑰宝之一。"[2]在妈祖文化上千年的历史演变中,它不仅对本民族产生了重要影响,在海外也具有一定影响力。进一步研究妈祖文化的世界意义和价值,充分发挥妈祖文化的软实力作用,可以为提升我国的国家形象、国际地位和实现中国梦服务。

---

[1] 约瑟夫·奈:《硬权力与软权力》,北京:北京大学出版社,2005 年,第97 页。
[2] 宋建晓:《21 世纪海上丝绸之路中的妈祖文化》,《光明日报》2015 年 7 月 22 日第 10 版。

建设"21世纪海上丝绸之路"的倡议为妈祖文化在21世纪的发展与传播创造了新的历史契机,提出了对妈祖文化进行深入考察和研究的客观需要,也提出了促进妈祖文化传播发展的历史命题。妈祖文化的传播与发展沟通着传统与当代,表征出文化的历史性维度,展现多元文化的碰撞与交流,彰示着文化的价值意蕴。① 妈祖文化是我国海洋文化的重要载体,作为中华优秀传统文化的一部分必将进一步走向世界,通过讲述妈祖故事,传播中国声音,塑造中国形象,使中华海洋文化不断走向新的层次和新的境界。我们要对中国海洋文化传统资源进行发掘与拓新,从整体上挖掘妈祖文化体现的海洋文化基因与价值精神,大力弘扬妈祖文化所包含的护国庇民的致善情怀、和平慈善的大爱精神和不畏艰险的进取精神。

妈祖文化是海上经济行为的产物,是沿海族群的精神寄托,是我国航海事业发展的结果,更是海洋移民在新的环境中传承和传播的结果。妈祖文化起源于东南沿海,但其影响不仅限于沿海一带和内陆省份,它随着沿海移民的足迹在世界50个国家扎根落户,融入当地文化中。泰国首都曼谷建有规模庞大的妈祖宫,妈祖故事也被载入泰文典籍之中。马来西亚建有东南亚地区数目最多的妈祖庙,至今香火鼎盛,信众甚多。妈祖信仰也广为日本民众所接受:"水户地方的妈祖则被融为日本神道神,奉祀在神社里。日本中部地方的岐阜市虽位于离海较远的内地,也有妈祖堂。"② 在欧洲,巴黎创建了"真一堂"供奉妈祖,将其看作是世界和平女神,并建有妈祖史料文物研究中心。在美洲,美国、加拿大、墨西哥等

---

① 洪刚:《中国海洋文化的内在逻辑与发展取向》,《太平洋学报》2017年第8期,第62~72页。

② 肖一平等:《妈祖研究资料汇编》,福州:福建人民出版社,1987年,第58页。

国都建有妈祖庙或天后宫。妈祖信仰成为住在地华侨华人乃至当地民众的一种信仰。我们要从和平发展与构建人类命运共同体的战略高度来认识妈祖文化的当代价值,把妈祖文化作为软实力的重要资源进行建设,努力打造妈祖"和平使者"的形象,使妈祖文化成为贡献给世界的公共文化产品。

由于独特的历史发展条件和传播范围,妈祖信仰不仅具有神缘文化的特质,而且是民族文化的象征。广大海外华人基于对妈祖文化的认同,把妈祖庙、天后宫作为华人社群活动的场所和精神凝聚的核心,妈祖文化逐渐成为世界各地华人共同的精神纽带和情感寄托。妈祖文化认同是指人们对妈祖文化的理解、认可、保护和实践并产生归属感的社会心理过程。[①] 这种文化自觉下的妈祖文化认同意识可以激发人们对民族海洋文化的自豪感与自信心,同时强化对民族宝贵文化遗产进行继承和弘扬的使命感,以高度的主体自觉更好地在世界多元文化交流对话中展现中华优秀传统文化,增强我国海洋文化软实力,并最终增强我国文化的感召力和影响力。

妈祖信仰已成为一种跨地区、跨国籍的民间信仰,妈祖作为世界和平女神、海上保护神,拥有不同民族、不同肤色、为数众多的信众,遍布世界各地。无论是日本、朝鲜、韩国等东亚国家,还是新加坡、菲律宾、越南、马来西亚、印尼、泰国等东南亚国家,甚至是美国、加拿大、墨西哥、巴西、澳大利亚、新西兰、法国、挪威、丹麦等西方国家都能认同妈祖文化。建设"21 世纪海上丝绸之路"应当继续弘扬妈祖的大爱精神,从人员往来开始,促进各国文化的交融,进而实现经济交流和政治互信,共同建设一个开放、包容、平等、互利的和谐世界。

---

① 宋建晓:《21 世纪海上丝绸之路中的妈祖文化》,《光明日报》2015 年 7 月 22 日第 10 版。

第三章　妈祖文化在海上丝绸之路
传播发展的历史与现状

历经千年的妈祖文化随着海上丝绸之路繁荣发展,跨出国门,远渡重洋,在"海丝"沿线国家和地区落地生根并开花结果,其中在东亚日本、韩国和东南亚的越南、新加坡、马来西亚、印尼、菲律宾、泰国等国家的传播发展具有较大代表性。因此,分析妈祖文化在这些国家传播发展的历史与现状,可以基本反映妈祖文化在"海丝"沿线国家传播发展的情况。

一、妈祖文化在日本:历史与现状

妈祖文化根植于中华传统文化谱系,历经千年风雨淘洗而逐渐形成了集宫庙、祭祀、传说(神话)等不同层次文化要素于一体的特色文化。日本与我国仅一水之隔,历史上深受中华文化影响,长期以来两国往来频繁,文化交流密切。作为中华优秀传统文化代表的妈祖文化在两国交往交流中自然而然也传入日本,妈祖文化和谐、包容和护佑航海安全的特征,使之很快与日本本土文化相融合,落地生根成为日本民间文化的一个组成部分。妈祖宫庙是妈祖文化传播交流的载体,研究日本妈祖文化传播发展的历史与现状可以以日本妈祖宫庙的状况为切入点。从古至今,日本多个地方建造了妈祖宫庙或供奉妈祖神像的神社,笔者根据各种文献记载和日本学者藤田明良、黑田安雄、国分直一、李献璋、樱井龙彦、下野敏见等的相关研究论文,对日本的妈祖宫庙状况做了汇总,具体见表 3-1:

表 3-1　日本各地主要妈祖宫庙分布状况①

县	市或町	庙名	坐落地点	创建时间	创建人/单位	现在是否存在	资料来源
冲绳县	那霸市	上天妃宫	那霸市久米村	明洪武年间	闽人三十六姓移民	二战时被毁,仅留存石壁和木门	李献璋、藤田明良、樱井龙彦、高桥诚一
		下天妃宫	那霸市天使馆东面	明永乐二十二年(1424)	琉球国王尚巴志	二战时被毁,现于那霸市若狭町孔庙内重建	李献璋、藤田明良、樱井龙彦、高桥诚一

---

① 根据以下著作与论文整理:李献璋著,郑彭年译:《妈祖信仰研究》,澳门:澳门海事博物馆,1995 年;樱井龙彦:《日本的妈祖信仰其分布及现状》,《中华妈祖文化学术论坛论文集》,2004 年,第 28～33 页;藤田明良:《日本近世における古妈祖像と船玉神の信仰》,黄自进主编:《近现代日本社会的蜕变》,台北:"中研院"人文社会科学研究中心,2006 年,第 136～145 页;高桥诚一:《日本における天妃信仰の展开とその历史地理学的侧面》,《东アジア文化交涉研究》2009 年第 2 期,第 121～144 页;潘宏立:《日本妈祖信仰的分类和现状》,《第三届国际妈祖文化学术研讨会论文集》,2017 年,第 129～133 页;奎德忠:《日本妈祖信仰的概况》,中华林氏总会网,2014 年 4 月 28 日,http://www.cnlin.org/Item/Show.asp? m=1&d=4035;等等。

续表

县	市或町	庙名	坐落地点	创建时间	创建人/单位	现在是否存在	资料来源
冲绳县	久米岛町	天后宫	仲里村真谢港	清乾隆二十一年(1756)	清朝册封使全魁、周煌和琉球国王尚穆	现存,但已荒废严重	李献璋、藤田明良、樱井龙彦、高桥诚一
鹿儿岛县	南九州市	野间岳权现社西宫	川边郡笠沙町野间岳山顶	日本永禄年间(1558—1570)	中国商人	存在	李献璋、藤田明良、樱井龙彦、高桥诚一
		娘妈堂	川边郡笠沙町野间岳半山腰	日本永禄初(1558)至天正(1573—1592)中期始奉	中国商人	已不存在	李献璋、藤田明良、樱井龙彦、高桥诚一
		林家妈祖庙	萨摩片浦	明末清初	中国福建移民	存在	李献璋、藤田明良、樱井龙彦、高桥诚一
	市来串木野市	照岛神社	不明	不明	不明	存在	藤田明良、高桥诚一
长崎县	长崎市	兴福寺妈祖堂	寺町	日本元和六年(1620)	中国江苏南京籍商人	存在	李献璋、藤田明良、樱井龙彦、高桥诚一

续表

县	市或町	庙名	坐落地点	创建时间	创建人/单位	现在是否存在	资料来源
长崎县	长崎市	崇福寺妈祖堂	锻冶屋町	日本宽永六年(1629)	中国福建福州籍商人	存在	李献璋、藤田明良、樱井龙彦、高桥诚一
		福济寺	筑后町	日本宽永五年(1628)	中国福建漳州籍商人	存在	李献璋、藤田明良、樱井龙彦、高桥诚一
		圣福寺	玉澜町	日本延宝五年(1677)	中国广州移民	存在	李献璋、藤田明良、樱井龙彦、高桥诚一
		福建会馆天后堂	馆内町(即中华街)	1868年兴建,1897年改建	中国福建移民	存在	李献璋、藤田明良、樱井龙彦、高桥诚一
	平户市	郑成功纪念堂妈祖堂	川内町	2013年重建	平户市政府	存在	日本平户郑成功纪念馆官网
兵库县	神户市	关帝庙	南京町	1892年	不明	1945年毁于战火,两年后重修	樱井龙彦
大阪府	藤井寺市	八幡宫大成殿	道明寺	1981年	由从事航运业的西尾家向大成殿捐献妈祖像并奉祀	存在	藤田明良、高桥诚一

续表

县	市或町	庙名	坐落地点	创建时间	创建人/单位	现在是否存在	资料来源
大阪府	天王寺区	清寿院关帝庙	胜山大道	1964年	黄檗山万福寺住持大成禅师主持修建	存在	樱井龙彦
东京市	新宿区	朝天宫	大久保百人町	2013年	旅日华侨詹德薰捐资兴建	存在	中华妈祖文化交流协会
神奈川县	足柄下郡	观音福寿院	箱根町	1978年	台湾北港朝天宫分灵过来	存在	中华妈祖文化交流协会
	横滨市	天后宫	中华街	2006年	横滨华侨	存在	樱井龙彦
千叶县	佐原市荒川	天妃宫	大问町	日本宝历年间（1751—1764）	不明	存在	奎德忠
茨城县	北茨城市	矶原天妃社（弟橘媛神社）	矶原町天妃山	日本元禄三年（1690）	时藩主德川光圀	存在	李献璋、藤田明良、樱井龙彦、高桥诚一
	东茨城郡	矶滨天妃山妈祖权现社（弟橘比卖神社）	大洗町矶滨町祝町天妃山	日本元禄三年（1690）	时藩主德川光圀	存在	李献璋、藤田明良、樱井龙彦、高桥诚一、潘宏立

续表

县	市或町	庙名	坐落地点	创建时间	创建人/单位	现在是否存在	资料来源
茨城县	鹿嶋市	下津天妃神社	不明	不明	不明	存在	潘宏立
	水户市	寿昌山祇园寺	八幡町	日本元禄五年(1692)	时藩主德川光圀	遭受火灾,1968年重建	李献璋、藤田明良、樱井龙彦、高桥诚一
	小美玉市	天圣寺墓地天妃尊	小川町小川	不明	不明	曹洞宗,寺已废,天妃尊存在	藤田明良、高桥诚一、潘宏立
宫城县	岩沼市	稻荷神社	七滨町	不明	仙台藩士	存在	藤田明良、高桥诚一
青森县	下北郡	大间稻荷神社	大间町大间村	日本元禄九年(1696)	下北郡郡主伊藤五左卫门	存在	李献璋、藤田明良、樱井龙彦、高桥诚一

　　从表 3-1 可知,日本的妈祖宫庙主要集中分布于三大区域:
一是分布于冲绳县的那霸市上天妃宫和下天妃宫及久米岛天后
宫。二是分布于西日本的九州岛上鹿儿岛县的南九州市野间岳
权现社西宫、娘妈堂、林家妈祖庙和市来串木野市的照岛神社,
长崎县的长崎市兴福寺妈祖堂、崇福寺妈祖堂、福济寺、圣福寺、
福建会馆天后堂和平户市的郑成功纪念馆妈祖堂。该区域历史

上是日本和中国进行贸易和海上往来的地方,这些妈祖宫庙主要功能就是保佑当时的海上航行顺利平安。三是分布于东部日本本岛关东地区的东京市新宿区朝天宫、神奈川县足柄下郡观音福寿院、横滨市天后宫、千叶县佐原市荒川天妃宫、茨城县北茨城市矶原天妃社(弟橘媛神社)及东茨城郡矶滨天妃山妈祖权现社(弟橘比卖神社)、鹿嶋市下津天妃神社、水户市寿昌山祇园寺、小美玉市天圣寺墓地天妃尊,东北地区的宫城县岩沼市稻荷神社和青森县下北郡大间稻荷神社。该区域妈祖信仰多与日本当地海神信仰融合,主要功能是保佑当地人海上航行平安顺利。

冲绳那霸市上天妃宫的石门(刘凤华 拍摄)

冲绳久米岛天后宫(刘凤华　拍摄)

长崎兴福寺妈祖堂(潘宏立　拍摄)

长崎崇福寺妈祖堂（潘宏立　拍摄）

东京朝天宫（湄洲妈祖祖庙　拍摄）

茨城矶原天妃社(弟橘媛神社)(潘宏立　拍摄)

茨城矶滨天妃山妈祖权现社(弟橘比卖神社)(潘宏立　拍摄)

茨城下津天妃神社（潘宏立　拍摄）

茨城水户市寿昌山祇园寺的天妃尊像（潘宏立　拍摄）

茨城小美玉市天圣寺墓地天妃尊（潘宏立　拍摄）

妈祖是海神,妈祖宫庙主要是为保佑海上航行平安而修建的,因此日本妈祖文化分布的一个显著特征是大部分妈祖宫庙是沿海、沿港口而建。分布在日本冲绳列岛、西部九州岛的妈祖宫庙主要是沿东海边的港口而修建的,应是保佑与中国、朝鲜半岛间的海上往来平安;而分布在东部的日本本岛关东地区、东北地区的妈祖宫庙则是沿着太平洋的港口修建的。

二、妈祖文化在韩国:历史与现状

韩国位于东北亚朝鲜半岛的南部,其所在的朝鲜半岛上的国家朝鲜曾是明清朝廷的藩属国,与当时中国交往十分密切,受中华文化影响比较大。其又三面环海,海洋文化根深蒂固,作为中华传统文化尤其中华海洋文化典型代表的妈祖文化,自然也曾随着东北亚海上丝绸之路传播至朝鲜半岛,成为韩国传统文化体系中的组成部分之一。因此,妈祖文化在朝鲜半岛的传播历史悠久,后由于各种原因,现在妈祖文化在韩国影响较小,现存妈祖宫庙数量不多,主要分布在华人华侨社区。据韩国学者朴向圭、李钟周等调查,韩国妈祖宫庙分布主要在三个地方。①

(一)首尔居善堂

居善堂位于首尔市中区明洞 2 街 89 番地,周边是清朝末期就设立的中国大使馆和汉城华侨小学等。居善堂的设立,据李钟周调查认为大致有两种说法:一是 1884 年,华侨丁道德、李宝山捐赠了居善堂建筑来开办戒烟酒公所,后在这基础上发展成为居善堂文化会。二是 1882 年 7 月,当朝鲜发生壬午军乱时,清政府命令广东水师都督吴长庆将军带兵进入朝鲜半岛进行镇压,1885 年清军部分撤退。这期间有 40 名中国商人负责为清军筹备军用物资,他们在首尔地区活动办公的地方后来就演变成为居善堂。居善堂原是一座中国式的单层庙宇建筑。1982 年被拆除,并在原址上建造了一座六层现代风格的建筑,其中第四、五层设置了居善堂文化会办公室和祭室。祭室里供奉着 14 位神灵,分别为佛祖、观世音菩萨、玉皇大帝、王母娘娘、天地三界真宰、三清老祖、海神娘娘、送生娘娘、眼光娘娘、关老爷、胡三太爷、药王、鲁班师祖、灶王老爷等,其中供奉于居善堂四层入口左侧第二个位置的海神娘娘就是妈祖。居善堂供奉的神灵是儒释道三教的都有,妈祖不是主祭神,只是众多神灵之一,因此居善堂不能算是典型的妈祖宫庙。

---

①　朴现圭:《韩国的妈祖信仰现况》,《莆田学院学报》2016 年第 1 期,第 1～9 页;李钟周、唐田:《韩国华侨的妈祖信仰与韩国海神》,《妈祖文化研究》2019 年第 2 期,第 32～42 页。

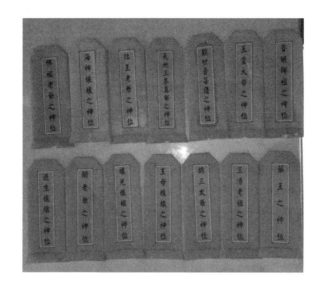

居善堂诸神牌位（李钟周　拍摄）

居善堂海神娘娘像（李钟周　拍摄）

（二）仁川义善堂

义善堂位于仁川市中区北城洞 2 街 9-13 番地，此处是紧靠仁川港的华人街，历史上其周围的房屋和商店是华商们的居住地、客栈和物资交易场所。经李钟周考证推断，其建造的起因与首尔的居善堂类似，也是朝鲜壬午军乱期间跟随清军进入朝鲜为清军筹备军用物资的中国商人建立的。其也是中国传统庙宇建筑风格，现存最古遗物是挂在堂内正殿的"慈航普渡"匾额，该匾额是 1916年 9 月由天津福禄栈的傅盛功赠送的。其次是挂在正殿外的"慈心济世"匾额，该匾额是 1928 年 8 月由元山普善堂献的。义善堂正殿内设了 5 个神坛，分别供奉观音、关羽、妈祖、龙王、胡山太爷等 5 尊神灵，其中位于中央的是观音神坛，左侧是关羽神坛、妈祖神坛，右侧是龙王神坛、胡山太爷神坛。在义善堂左右侧殿内还供奉着西王母、吕祖、药王、天地君亲师等。妈祖神坛内按照天津天后宫妈祖天后供奉风格供奉着 5 尊女神，位于中央的是天后妈祖。该神像由泥土塑造，头戴天后冕旒，脸着金漆，有得道后纹样，双手握着上朝用的圭，圭背面画着北斗七星，身上穿着天后袍服，袍服整体是红色的，衣领、腰带是绿色的，上面描有金色纹样，袍服后面围着霞帔，霞帔上画有五颜六色的纹样，脚上穿着金色的履。妈祖神像左侧是注生娘娘、眼光娘娘，右侧是瘢疹娘娘、耳光娘娘。妈祖神坛上端挂着信众在 1929 年 3 月献的"婆心济世"匾额，神坛左侧摆放着阎合圆在 1937 年献的香炉。仁川义善堂妈祖也不是主祭的神灵，但与首尔居善堂妈祖只做了神灵牌位相比，仁川义善堂妈祖作为正殿 5 尊主神之一，单独配备神坛，供奉级别要高一些。这可能与仁川更靠近大海，更能体现妈祖海神重要性相关。

义善堂大门(李钟周　拍摄)

义善堂神殿(李钟周　拍摄)

（三）釜山韩圣宫

韩圣宫位于釜山草梁华人街特区，建于 2006 年 5 月 11 日，是由来自中国台湾的妈祖信众王德雄、孙建仁等人和釜山的华侨们合力兴建的。韩圣宫祭室的南墙设有祭祀神灵的神坛，神坛中央祭祀天上圣母，右边祭祀观音菩萨，左边祭祀关圣帝君。天上圣母神坛中央供奉的是一尊从台北慈明宫分灵而来的尺寸比较大的粉脸妈祖神像，左右还摆放了十多尊各种神态的尺寸比较小的妈祖神像，神坛前面供奉的是妈祖的两位随从千里眼和顺风耳将军，以及佛教的弥勒佛和道教的三太郎神像。在神坛两边的墙壁上写有"韩航法海是天意，圣心慈悲渡乾坤"的楹联。宫内悬挂的比较醒目的"韩圣宫"匾额是由台北慈明宫五行会为纪念韩圣宫在釜山顺利开馆而赠送的。韩圣宫每月农历初一和十五日进行祭礼，信众以釜山的华侨为主，也有数百名韩国人。每年韩圣宫所在的釜山草梁华人街特区举行庆典活动时，信众们会抬着坐着妈祖像的神轿进行巡游，并向韩国人发宣传单，宣传妈祖信仰。与居善堂、义善堂不同，韩圣宫的妈祖是主祭神，其算是典型的妈祖宫庙。

韩圣宫匾额（安田广美　拍摄）

韩圣宫外墙(安田广美　拍摄)

三、妈祖文化在越南:历史与现状

越南毗邻中国,古称交趾、安南,是"海丝"沿线重要的国家。其从东汉开始就与中国有商贸上的往来,受中国文化影响很大,是汉文化圈的一部分。由于方便的区位条件和相近的文化特征,妈祖文化传播到越南后,产生广泛的影响力。越南出现了大量的供奉妈祖神灵的宫庙与会馆,有些至今还在,成为妈祖文化在越南传播的历史见证与现状表征。根据越南学者阮玉诗、张英进、阮俊义、阮福才等的统计与研究,越南现有141座主祀妈祖的天后宫与会馆和 170 多座陪祀妈祖的宫庙与会馆①,这些宫庙与会馆主要分布在越南南、中、北三大区域。

(一)南部地区的妈祖文化

南部地区是越南 90％ 的华人的聚居地,也是妈祖宫庙数量最多的地区。据统计,南部地区现有 130 座天后宫与会馆,约占全越南妈祖宫庙的 92％,主要分布在两个区域:一是以胡志明市为主的东南部地区,二是以湄公河流域为主的西南部地区。东南部有天后宫与会馆 55 座,其中胡志明市共有 33 座,胡志明市旧称西贡,历来是华商聚集之地,其中以广州籍华人最多。胡志明市天后宫与会馆中比较有名的,如穗城会馆天后庙(阿婆庙)、琼府会馆、五帮共同会馆、温陵会馆等。穗城会馆位于第五郡阮鹰街,俗称"阿婆庙",是为来越之广东穗城籍华侨兴建之联络同乡、供奉妈祖之地。穗城会馆天后庙建于清乾隆二十五年(1760),嘉庆五年(1800)进行过一次大规模的重修。从形制上来看,这是典型的中国式庙宇。其内保存至今的清道光十年(1830)、咸丰九年(1859)、光绪二十四年(1898)的三方《重修穗城会馆碑记》是见证穗城籍华侨在越南安身立命的过程之重要物件。② 建于清乾隆年间的温陵会馆是由当时晋江、南安、惠安、同安、安溪等福建泉州府五县的同乡共同创建的,具有典型闽南建筑风格,其中木石雕刻尤为精美。馆内先供奉天后圣母,后又增供观音,故该会馆也被称为观音庙。

---

① 阮玉诗:《天后信仰在越南湄公河流域的传播及其特点》,《妈祖文化研究》2017 年第 1 期,第 56～69 页;张英进:《越南薄寮华人的天后信仰》,《妈祖文化研究》2018 年第 1 期,第 32～28 页;阮福才:《越南胡志明市华人"天后圣母崇拜"的研究》,《第五届国际妈祖文化学术研讨会论文集》,2019 年,第 113～118 页。

② 李天锡:《越南华侨华人妈祖信仰初探——以胡志明市穗城会馆天后庙为重点》,《莆田学院学报》2011 年第 1 期,第 1～7 页。

胡志明市穗城会馆(阮福才　拍摄)

胡志明市琼府会馆(阮福才　拍摄)

胡志明市三山会馆(阮福才　拍摄)

胡志明市义安会馆(阮福才　拍摄)

西南部湄公河地区是京族人、高棉人、华人与占族人共同居住的地区。湄公河地区河流密集,东、南、西三面靠大海,被誉为"鱼米之乡"。长期以来,该地区各族群混居在一起,习俗、文化、宗教信仰等相互影响、相互融合,形成了你中有我、我中有你的局面。据调查统计,湄公河地区现共有 75 座主祀妈祖的天后宫或天后庙,其中华人创建的有 57 座,越南人创建的有 18 座。另外,该地区还有陪祀妈祖的关帝庙、北帝庙、保生大帝庙、水神庙、处主圣母庙、火神庙等各类民间信仰宫庙近 70 座。[①]

(二)中部地区的妈祖文化

中部地区妈祖宫庙主要是在岘港会安,这里历史上是中国人移居越南的第一站。明末清初有大量明朝遗民纷纷到此聚留,他们以"维持并继承明朝香火"为愿望,形成特殊的族群与聚居区——明香与明乡社。他们从中国移居过来时带来了妈祖信仰,建了很多的妈祖宫庙,后由于各种原因,华人社群不断减少,妈祖宫庙也逐渐减少。据阮玉诗统计,目前中部地区主祀妈祖的宫庙还有 8 座,基本上都是历史遗迹。[②] 其中比较有名的,如会安海平宫、中华会馆天后宫(也称五帮会馆)、福建会馆天后宫、广肇会馆天后庙、潮州会馆、广东会馆、琼府会馆等。据李天赐研究,会安海平宫建于明天启六年(1626),是目前所知在越南境内建造时间最早的妈祖庙。会安陈富街上的福建会馆天后宫、广肇会馆天后庙均创建于清康熙年间,中华会馆天后宫则建于乾隆六年(1741)。[③]

---

① 阮玉诗:《天后信仰之传播和变迁:以湄公河三角洲的越南人为例》,《第五届国际妈祖文化学术研讨会论文集》,2019 年,第 226~241 页。

② 阮玉诗:《越南华人信仰文化的解构与增权:以关公与天后信仰为例》,张禹东、庄国土:《华侨华人文献学刊(第五辑)》,北京:社会科学文献出版社,2017 年,第 179~192 页。

③ 李天锡:《越南两方碑记解读——以妈祖信仰为中心》,《学术问题研究》2011 年第 1 期,第 57~61 页。

会安福建会馆天后宫（刘德安　拍摄）

会安广肇会馆天后庙（刘德安　拍摄）

会安潮州会馆(刘德安　拍摄)

会安琼府会馆(刘德安　拍摄)

会安中华会馆(刘德安　拍摄)

(三)北部地区的妈祖文化

北部地区妈祖宫庙主要是在海防市、河内市。海防市历史上是华人来越南的主要落脚点之一;河内市毗邻海防市,现为越南首都。华人到来的同时也带来了妈祖信仰,所建的会馆基本上兼建有妈祖宫庙。进入近现代后,由于各种原因,北部地区华人变少了,妈祖宫庙也逐渐消失了,现保留下来的基本上是历史古迹、文化遗产。据调查,目前北部地区还有 3 座主祀妈祖的天后宫,其中比较有名的,如建于清嘉庆二十年(1815)的河内福建会馆天妃宫,建于嘉庆二十五年(1820)的河内粤东会馆天妃庙。①

---

　① 　于向东:《河内历史上的唐人街》,《东南亚纵横》2004 年第 7 期,第 52～56 页。

四、妈祖文化在新加坡：历史与现状

　　新加坡，旧称新嘉坡、星洲或星岛，别称狮城。其北隔柔佛海峡与马来西亚为邻，南隔新加坡海峡与印尼相望，毗邻马六甲海峡南口。妈祖是新加坡民众普遍敬仰的神明。考察新加坡供奉妈祖的宫庙数量与分布情况（参见表 3-2），可以对新加坡的妈祖文化现状有个初步印象。

表 3-2　新加坡以妈祖为主神或配神的宫庙及供奉有妈祖的华侨社团汇总

以妈祖为主神的宫庙或供奉有妈祖的华侨社团			配祀有妈祖的宫庙		
庙宇名	创建时间	主要信众群体（原籍）	庙宇名	创建时间	主要信众群体（原籍）
宁阳会馆天后宫	1822 年	广东台山	顺天宫	1820 年	多地
粤海清庙	1826 年	广东潮州	冈州会馆	1840 年	广东新会
天福宫	1840 年	福建	保生庙	1869 年	多地
琼州天后宫	1854 年	海南	加冷桥感天大帝庙	1876 年	广东潮州
永春会馆天后宫	1867 年	福建泉州	保赤宫	1876 年	福建
广惠肇碧山亭	1870 年	广东广州、惠州、肇庆	万寿山观音堂	1880 年	多地
潮州西河公会	1880 年	广东潮州	黑桥头玉皇殿	1887 年	福建
三和会馆天后宫	1883 年	广西和广东高州	广福宫	19 世纪	多地
福州会馆天后宫	1909 年	福建福州	西山宫	19 世纪末	福建
云峰天后庙	1911 年	广东	开山庙	1904 年	多地

续表

以妈祖为主神的宫庙或供奉有妈祖的华侨社团			配祀有妈祖的宫庙		
庙宇名	创建时间	主要信众群体(原籍)	庙宇名	创建时间	主要信众群体(原籍)
兴安天后宫	1920 年	福建莆田	普陀寺	1911 年	福建
星洲官山社	1920 年	福建金门	龙山寺	1913 年	福建
半港天后宫	20 世纪30 年代	广东潮州	天德宫	1922 年	多地
新加坡中山海洲会馆	1934 年	广东中山	福德堂	1932 年	多地
西河别墅林氏宗亲会	1937 年	福建、广东	天圣坛	1940 年	福建
金榜山亭天后会	20 世纪40 年代	广东	金龙寺	1941 年	多地
星洲炭商公局	1941 年	多地	太阳宫	1947 年	多地
汕头社天后庙	1944 年	广东潮州	齐天坛	1949 年	福建
三巴旺天后宫	1947 年	广东潮州	凤玄宫	1952 年	多地
南洋莆田会馆	1957 年	福建莆田	五凤庙	1954 年	多地
灵慈行宫	1959 年	福建莆田	玄山庙救世坛	1956 年	多地
木山圣母宫	1976 年	广东潮州	显龙宫	1966 年	多地
金合发联谊社	1976 年	福建金门	正华村金福宫	1968 年	多地
东安渡头联谊社	1977 年	福建金门	锦福庙	1968 年	海南
文山联谊社	1978 年	福建金门	德光岛天降佛堂太阳宫	20 世纪60 年代	多地
金长发联谊社	1982 年	福建金门	宝重庙	1976 年	福建福清
钟头宫	不详	广东潮州	德教太和观	1978 年	广东潮州
金明发	不详	福建金门	碧山庙	1980 年	多地
			禅宗寺	1995 年	多地

续表

以妈祖为主神的宫庙或供奉有妈祖的华侨社团			配祀有妈祖的宫庙		
庙宇名	创建时间	主要信众群体(原籍)	庙宇名	创建时间	主要信众群体(原籍)
			洛阳大伯公宫	1996 年	多地
			哪吒坛	2000 年	多地
			壹伍玖济正宫	2007 年	多地
			乾坤庙	不详	多地
			武吉知马大伯公宫	不详	多地

资料来源:李天锡:《试述新加坡华侨华人妈祖信仰的传播及其影响》,《八桂侨刊》2008 年第 3 期;曾玲:《社群边界内的"神明":移民时代的新加坡妈祖信仰研究》,《河南师范大学学报(哲学社会科学版)》2007 年第 2 期;许源泰、曾伟:《论妈祖信仰的国际化与地方化——以新加坡妈祖信仰为例》,《妈祖文化研究》2017 年第 3 期;徐李颖:《新加坡妈祖信仰的"社群化"与"一体多面性"——对地缘、血缘和业缘性社群的个案考察》,第二届妈祖文化新思路国际研讨会,2005 年;林纬毅、蔡桂芳:《妈祖信仰与新加坡金门宗乡会——兼论妈祖精神在 21 世纪海上丝路建设中的意义》,《妈祖文化研究》2018 年第 1 期;等等。

新加坡兴安天后宫(湄洲妈祖祖庙 供图)

据表 3-2 可知,新加坡现存最古老的主祀妈祖的宫庙为宁阳会馆天后宫,始建于 1822 年,之后主祀妈祖的宫庙纷纷涌现。事实上,在此之前,妈祖信仰就已传播至新加坡。据柯木林调查,早在嘉庆十五年(1810)已有移民在天福宫现址设坛奉祀妈祖。[①] 发展至今,新加坡国内现存的主祀妈祖宫庙有 28 座,最后建的都已经有 40 多年历史。新加坡还有很多不是以妈祖为主神但配祀有妈祖的宫庙,此类宫庙数量多于主祀妈祖的宫庙。这说明妈祖信仰在新加坡确实有着十分崇高的地位与广泛的影响力。这些以妈祖为主神或配祀有妈祖的宫庙,主要属于福建、广东(如台山、中山、潮州等地)、海南、广西等地的方言群体,"具有鲜明的社群化特征"[②]。这从侧面反映了中、新两国的妈祖信仰所具有的紧密联系性与一脉相承性。

同时,还可以发现不少妈祖宫庙与基于地缘、血缘或业缘关系而建立起来的华侨社团有着紧密联系。一般而言,新加坡的华侨社团,都是由相同祖籍、相同姓氏或相同职业的华侨群体创立的,基于祖籍地或姓氏而建立的社团被称为"宗乡会馆",基于职业建立的社团被称为"公会"。宗乡会馆领导与管理的妈祖宫庙有天福宫、粤海清庙、琼州天后宫等。供奉有妈祖金身、将妈祖视为本行业保护神的业缘性公会,则主要有电船公会、摩多船主公会、文山联谊社、星洲炭商公局、新加坡材炭出入口商会等一些与航运业、造船业相关的社团。业缘性公会将妈祖供奉起来以祈求生意兴隆、海路畅通,从而为妈祖增添了"行业神""商业神"的职能与属

---

① Leon Comber, *Chinese Temple in Singapore*, Singapore：Eastern Universities Press, 1958, p.65.

② 曾玲:《社群边界内的"神明":移民时代的新加坡妈祖信仰研究》,《河南师范大学学报(哲学社会科学版)》2007 年第 2 期,第 71 页。

性。① 有的公会则把办公地点设在宫庙或者把妈祖金身供奉在办公地点,其代表主要有福州会馆、新加坡中山海洲会馆等同乡会馆,以及如林氏大宗祠九龙堂家族自治会、西河别墅等新加坡林姓华侨所建立的宗族性团体。此类具有"馆庙二位一体"特点的模式被学者称为"会馆庙宇结合体结构"。② 这表明新加坡的华侨社团在妈祖信仰的继承、发展、在地化过程中,扮演着十分重要的角色。③

除上述与华侨社团有着密切联系的妈祖宫庙外,新加坡还有一些宫庙是通过分炉方式建立的。如金榜山亭天后会正是分炉自1911年创办的云峰天后庙;灵慈行宫则是自莆田萩芦洪南村的灵慈宫分炉而来。此种建庙方式进一步推动了妈祖信仰在新加坡的传播发展,促进了中新两国间的妈祖文化交流。

五、妈祖文化在马来西亚:历史与现状

位于东南亚地区的马来西亚由两部分组成:一部分在马来半岛上,称西马,有11个州;一部分在加里曼丹岛北部,称东马,有2个州。马来西亚是个多民族、多元文化和多元宗教的国家。在有关法律规条下,各族都有宗教信仰的自由,官方宗教为伊斯兰教。2019年,全国人口约3260万人,其中华人人口为22.8%,是马来

---

① 高伟浓:《清代华侨在东南亚——跨国迁移、经济开发、社团沿衍与文化传承新探》,广州:暨南大学出版社,2014年,第6～8页。
② 苏庆华:《妈祖信仰的发展轨迹和传播——以马、新两国为例》,《华侨大学学报(哲学社会科学版)》2012年第1期,第15页。
③ 高伟浓:《清代华侨在东南亚——跨国迁移、经济开发、社团沿衍与文化传承新探》,广州:暨南大学出版社,2014年,第8页。

西亚三大族裔中的第二大族裔。马来西亚华人主要是明清及民国时期从中国东南沿海地区的福建和广东、广西、海南等一带迁移而来的中国人后裔。当年这些移民渡海来马来西亚寻求新生活时，船上大多都会安放着从家乡请来的海神妈祖像，身上带着妈祖的护身符，祈求航程平安。到达马来西亚后，他们第一件事就是给妈祖建庙，感谢妈祖保佑他们平安到达。随后，妈祖信仰成为华人主要信仰之一，是华人的精神寄托，对华人的社会生活产生了重要影响。这种影响伴随着华人在马来西亚的创业而传承下来。

　　妈祖文化在马来西亚传播发展的历史与现状可以通过马来西亚妈祖宫庙的分布和建设发展状况来体现。目前，还没对马来西亚全国妈祖宫庙进行普查，但据马来西亚学者李雄之估计，主祀和陪祀妈祖的宫庙约有 200 座；据马来西亚学者刘崇汉统计，主祀妈祖的宫庙有 97 座，分别分布在西马的 11 个州和东马的 2 个州，分布范围非常广泛，①具体见表 3-3。

表 3-3　马来西亚各州(地)主祀妈祖的宫庙分布状况

马来西亚各州(地)	主祀妈祖的宫庙	数量
玻璃市州	吉玻海南会馆	1 座
槟城州	槟城海南会馆、北海海南会馆、威省海南会馆、槟城林氏九龙堂、林氏双桂堂、林氏忠孝堂、槟城浮罗山背双溪槟榔港口天后宫、槟城日落洞网寮山海宫、槟城日落洞船廊天后宫、北海琼州南天宫、大山脚马章武莫居林路海东妈庵	12 座
吉打州	吉南海南会馆、吉中海南会馆、双溪大年海南会馆、浮罗交怡海南会馆	4 座

---

　　①　刘崇汉:《马来西亚妈祖信仰与乡籍文化——以吉隆坡三座天后宫为例》，《妈祖文化研究》2020 年第 1 期，第 23 页。

续表

马来西亚各州（地）	主祀妈祖的宫庙	数量
霹雳州	霹雳兴安会馆（怡保）、南霹雳兴安会馆（安顺）、太平兴安会馆、宜力海南会馆、高乌仁丹海南会馆、邦咯岛海南会馆、江沙海南会馆、太平海南会馆、安顺海南会馆、霹雳仕林河天后宫、霹雳怡保琼侨善后社、怡保天后宫（海东妈）	11座
雪兰莪州（吉隆坡除外）	雪隆海南会馆、巴生海南会馆、吉胆岛海南会馆、雪兰莪巴生班达马兰新村妈祖庙、雪兰莪州仙境古城林氏大宗祠、巴生天后圣母殿、巴生柴埕天后圣母宫、巴生过港海南村北港天后宫	8座
吉兰丹州	道北海南会馆、吉兰丹海南会馆（哥打峇鲁）、吉兰丹圣春宫、哥打峇鲁唐人坡镇兴宫、巴西富地镇安宫	5座
登嘉楼州	瓜拉登嘉楼和安宫、瓜拉登嘉楼海南会馆、甘马挽海南会馆、北加海南会馆、龙运海南会馆、甘马仕海南会馆	6座
彭亨州	文冬兴安会馆、文冬林氏联宗会、关丹海南会馆、林明海南会馆、文德甲淡属海南会馆、彭亨淡马鲁天后宫、立卑天后宫	7座
森美兰州	森美兰海南会馆、淡边海南会馆	2座
马六甲州	马六甲兴安会馆、马六甲海南会馆、马六甲林氏西河堂	3座
柔佛州	麻属兴安会馆、昔属福莆仙公会、新山陈厝港海南会馆、居銮海南会馆、新文龙海南会馆、峇株巴辖海南会馆、永平海南会馆、古来海南会馆、东甲海南会馆、乌鲁地南海南会馆、麻坡海南会馆、昔加末海南会馆、令金海南会馆、丰盛港海南会馆、笨珍海南会馆、三合港海南会馆、马来西亚林氏宗祠总会（柔佛峇株巴辖天后宫）、新山林氏宗亲会、昔加末林氏宗祠、笨珍林氏公会、柔佛麻坡利丰港天后宫、麻北武吉港脚天后宫、东甲沙益天后宫、士古来天后宫、淡杯天后宫、新山皇后花园天后宫、永平天后宫、麻坡巴冬天后宫、哥打丁宜天后宫	29座
砂拉越州	古晋兴安会馆、古晋海南会馆、美里海南会馆	3座

续表

马来西亚各州（地）	主祀妈祖的宫庙	数量
沙巴州	山打根海南会馆、斗湖海南会馆、古达海南会馆、亚庇海南会馆	4座
吉隆坡	吉隆坡旧巴生路天后古庙、吉隆坡新街场路天后宫	2座

槟城海南会馆天后宫（湄洲妈祖祖庙　供图）

雪隆海南会馆天后宫（湄洲妈祖祖庙　供图）

马六甲兴安会馆天后宫（湄洲妈祖祖庙　供图）

从表3-3的妈祖宫庙分布和名称来看，马来西亚妈祖文化分布具有以下特征：一是马来西亚各州中靠近马六甲海峡、华人比较早到达的柔佛州的妈祖宫庙数量最多，达29座；其次为霹雳州和槟城州，分别为12座和11座；面积比较大但人口比较少的东马砂拉越州和沙巴州妈祖宫庙比较少，分别为3座和4座。二是主要分布在全马各地的华人聚居区，尤其以籍贯为海南和福建莆田的华人族群聚居地为主。海南是海岛，居民十分信仰海神妈祖，莆田是妈祖文化发祥地，其移民自然愿意作为妈祖文化主要的传承力量。三是妈祖文化的传播以籍贯族群建设的会馆、林氏宗祠和民间人士建设的天后宫为主阵地，其中会馆达58座，为主要力量；天后宫达31座，林氏宗祠达8座，为次要力量。

六、妈祖文化在印尼：历史与现状

印尼地处印度洋和太平洋之间的交通要道，是古代海上丝绸之路的重要枢纽,也是华侨出现最早、华人华侨数量最多的国家。伴随中国移民而来的妈祖文化也在印尼落地生根,产生了广泛影响力。印尼境内妈祖宫庙众多,"平均一个城市都有 2～3 个妈祖庙,并且香火鼎盛"①,但历史悠久且重要的妈祖宫庙大多分布于爪哇岛。据李天锡统计,印尼境内现存的著名妈祖宫庙有 30 多座,位于爪哇岛的高达 19 座(其中 2 座位于马都拉岛,因该岛地质上与爪哇岛实为一体,且两者相距不远,故合并统计),加里曼丹岛上有 6 座,苏门答腊岛、苏拉威西岛和廖内群岛上各有 2 座,详情见表 3-4。

表 3-4　印尼著名妈祖宫庙分布情况

岛屿	宫庙名	位置	建造时间
爪哇岛	金德院	雅加达南班登安街	1650 年
爪哇岛	天后宫	雅加达南班登安街	1751 年
爪哇岛	福安宫	泗水华埠巧克力街	18 世纪末
爪哇岛	慈灵宫	杜板苏迪尔曼街	1850 年前
爪哇岛	慈德宫	岩望龙目街	1853 年
爪哇岛	慈德宫	土隆阿贡苏普拉特曼街	不详
爪哇岛	天上圣母庙	格雷西寺庙街	不详
爪哇岛	慈惠宫	布兰塔斯河旁的谏义里	1876 年
爪哇岛	惠荣宫	茉莉芬佐克罗阿米诺托街	不详
爪哇岛	福善宫	莫佐克托苏迪尔曼将军街	1823 年
爪哇岛	福隆宫	宗邦志愿者街	不详

①　林群华:《印尼分灵妈祖"回娘家"省亲谒祖》,人民网,2015 年 3 月 24 日,http://world.people.com.cn/n/2015/0324/c157278-26743667.html。

续表

岛屿	宫庙名	位置	建造时间
爪哇岛	凤德轩	泗水华埠杜库赫街	18 世纪末
爪哇岛	保安宫	淡目市西哇兰街	道光年间
爪哇岛	慈惠宫	南旺蒂博尼哥罗亲王街	1814 年
爪哇岛	梅园	南旺	不详
爪哇岛	林氏西河宫	三宝垄斯班达兰街	不详
爪哇岛	慈安宫	拉森市达顺街	不详
马都拉岛	善灵宫	苏民纳保村	18 世纪末
马都拉岛	谢法宫	不详	不详
加里曼丹岛	天仪宫	三马林达	1906 年
加里曼丹岛	三圣庙	坤甸市中心	不详
加里曼丹岛	三神宫	松柏港	不详
加里曼丹岛	天后宫	山口洋	不详
加里曼丹岛	天后宫	曼帕瓦北部上巴刹	不详
加里曼丹岛	天后宫	邦夏大伯公庙后山	不详
苏门答腊岛	天后宫	棉兰潘杜巴鲁街	1909 年
苏门答腊岛	镇元宫	民礼	不详
廖内群岛	天后圣庙	新加兰	不详
廖内群岛	天后宫	小坡	不详
苏拉威西岛	天后宫	乌戎潘当市苏拉威西街	18 世纪前期
苏拉威西岛	龙显宫	乌戎潘当市苏拉威西街	1864 年

资料来源:李天锡:《试析印度尼西亚华侨华人的妈祖信仰》,《东南亚纵横》2009年第 6 期,第 64～65 页。

　　爪哇岛上妈祖宫庙众多,与该岛是华人华侨的主要聚居地密切相关。中国与印尼之间的交往,有直接文字记载的可回溯至东汉时期。《后汉书》记有:"十二月,日南徼外叶调国、掸国遣使贡献。"[①]"叶调"即现今的爪哇。[②] 据考古学的研究成果,汉代时爪哇和苏门答腊两岛就有华侨定居。[③] 之后,中国移民迁往印尼的记载屡见不鲜,爪哇由于特殊的地理位置成为移民的主要目的地。在元代时,爪哇就成为中国商人常去贸易的地方,而且爪哇东部的几个重要海港城镇如杜板、锦石、泗水,在元末明初已成为华侨集聚地。[④] 马欢在《瀛涯胜览》中对此有着清晰描述。"杜板者,番名赌班,地名也,此处有千余家……其间多有中国广东、漳州人居流此地。"[⑤]"至厮村(注:又名锦石),番名曰革儿昔,原系沾滩之地,盖因中国之人来此创居,遂名新村,至今村主广东人也,约有千余家。"[⑥]"苏鲁马益(注:又名泗水),番名苏儿把牙,亦有村主掌管,番人千余家,其间有中国人。"[⑦]伴随着中国移民的涌入,妈祖信仰也在爪哇岛遍地开花。

　　据统计资料,移民当中以闽籍人士为主。"据国民政府侨委会1934 年统计,当时印尼华侨共 1232650 人,其中祖籍福建的为

---

　　① 范晔:《后汉书》第二册,北京:中华书局,1965 年,第 258 页。
　　② 温广益等:《印度尼西亚华侨史》,北京:海洋出版社,1985 年,第 4 页。
　　③ 洪源善:《当代泰国与印尼华人社会比较研究》,中国社会科学院研究生院博士学位论文,2003 年,第 22 页。
　　④ 洪源善:《当代泰国与印尼华人社会比较研究》,中国社会科学院研究生院博士学位论文,2003 年,第 23 页。
　　⑤ 马欢著,万明校:《明钞本〈瀛涯胜览〉校注》,北京:海洋出版社,2005 年,第 18 页。
　　⑥ 马欢著,万明校:《明钞本〈瀛涯胜览〉校注》,北京:海洋出版社,2005 年,第 19 页。
　　⑦ 马欢著,万明校:《明钞本〈瀛涯胜览〉校注》,北京:海洋出版社,2005 年,第 20 页。

677958 人,占当地华侨总人口数的 55%。"①直至目前,闽籍的华侨华人仍占印尼华侨华人总数的一半以上。因此,印尼的妈祖宫庙也大多是由闽籍移民出资修建的。在有标明创建者的宫庙中,除北苏门答腊棉兰天后宫为广东华侨张煜南、张鸿南兄弟发起创建外,其他宫庙如苏民纳保的善灵宫、杜板的慈灵宫、南旺的慈惠宫等皆为福建华侨所创设。另外,有些妈祖宫庙陪祀神为广泽尊王、清水祖师等闽人所尊奉的神祇,亦可推断其应是由福建华人华侨所建。② 总之,福建华人华侨对于促进妈祖文化在印尼的传播做出了突出贡献。

爪哇金德院(桑丘 拍摄)

---

① 福建省地方志编纂委员会:《福建省志·华侨志》,福州:福建人民出版社,1992 年,第 32 页。
② 李天锡:《试析印度尼西亚华侨华人的妈祖信仰》,《东南亚纵横》2009 年第6 期,第 65 页。

爪哇保安宫（贤良港天后祖祠　供图）

爪哇慈安宫（湄洲妈祖祖庙　供图）

七、妈祖文化在菲律宾:历史与现状

　　菲律宾与中国隔海相望,共有大小岛屿和礁石 7000 多个,其中吕宋岛、棉兰老岛、萨马岛等 11 个主要岛屿约占菲律宾总面积的 96%,华侨多分布于这些大的岛屿。① 据统计,当代菲律宾华侨华人已超过 100 万人,其中 80% 以上祖籍福建,以厦门市和泉州市及其下属的晋江、南安、惠安、永春等地为主。闽籍华侨华人移居菲律宾,促进了妈祖文化的传播,妈祖文化逐渐发展成为菲律宾较有影响力的信俗文化之一。到 20 世纪 60 年代,据不完全统计,菲律宾群岛上共有大大小小主祀或陪祀妈祖的宫庙、寺庵、教堂 100 多座,其中一些主要的如表 3-5 所示,它们多数为菲律宾独立后所建。② 近年来,菲律宾妈祖宫庙的数量不断增加,妈祖信众也扩展至菲律宾全境,马尼拉、宿务、怡朗、三宝颜等地都建有比较著名的妈祖宫庙。如宿务市郊贝维里尔山麓修建的妈祖庙,与供奉九重天老祖的定光宝殿、奉祀玉皇大帝的凌霄宝殿、观音亭、土地公庙等一起构成了菲律宾规模最大的一道宗教文化景观。③

---

　　① 赵松乔、吴关琦、王士鹤:《菲律宾地理》,北京:科学出版社,1964 年,第 12~14 页。

　　② 高伟浓:《菲律宾》,南宁:广西人民出版社,1995 年,第 224 页。

　　③ 李天锡:《试析菲律宾华侨华人的妈祖信仰》,《宗教学研究》2010 年第 1 期,第 137 页。

表 3-5　菲律宾主祀或陪祀妈祖的主要宫庙、寺庵、教堂一览表

名称	建立时间	坐落位置
天上圣母宫	明隆庆六年(1572)	描东岸省达亚社
天主教堂	17 世纪初	描东岸省达亚社
福海宫	1960 年	马尼拉市
妈祖天后宫	1975 年	描东岸市
隆天宫	1975 年	拉允隆省仙彬安洛社
隐秀寺	1978 年	马尼拉市
凤里庵	1978 年	马尼拉市
慈航禅寺	2018 年	马尼拉市
妈祖行宫	2019 年	马尼拉市
晋江同乡会	待考	马尼拉市
先天圣道院	待考	宿务市
妈祖庙	待考	宿务市
保安宫	待考	马尼拉市
九霄大道观	待考	马尼拉市
巴西天灵古志殿	待考	马尼拉市
莲荷仙坛	待考	马尼拉市

菲律宾主祀或陪祀妈祖的宫庙、寺庵、教堂大部分是由华人华侨建立的,他们把祖籍地的妈祖移驾、分香、分身、分炉而来,故而华人华侨的分布情况基本决定了妈祖宫庙的分布情况。这些宫庙等有的从闽南地区移驾或分香设立,如李天锡考证菲律宾第一座

妈祖庙就为晋江华侨创建。[①] 还有少部分由菲律宾本地妈祖庙分炉、分身或分香，[②]如马尼拉马拉邦福海宫所供奉的天上圣母即由描东岸省达亚社的妈祖所分灵。[③] 二战后，还有些宫庙是从中国台湾分香而建的。1967 年，中国台湾渔船遭遇海难漂流到菲律宾描东岸市，渔民受到当地华侨热情接待，他们深受感动，在临别之时将船上供奉的妈祖神像相赠。此后当地华人华侨便倡议建造隆天宫供奉这尊妈祖神像。隆天宫于 1975 年奠基，1978 年举行落成庆典。该宫"规模之宏大、建筑之精美，在中吕宋的中国式宫庙中首屈一指"[④]。1988 年，菲律宾宿务华侨从北港朝天宫分灵妈祖神像前往先天圣道院奉祀。又有马尼拉隐秀寺、凤里庵等寺庙中的妈祖也都是传衍自北港朝天宫。

达亚社天上圣母宫（天主教堂）外部（王铮翔　拍摄）

---

　　① 李天锡：《试析菲律宾华侨华人的妈祖信仰》，《宗教学研究》2010 年第 1 期，第 138 页。

　　② 张禹东、刘素民等：《宗教与社会：华侨华人宗教、民间信仰与区域宗教文化》，北京：社会科学文献出版社，2008 年，第 69～70 页。

　　③ 李天锡：《试析菲律宾华侨华人的妈祖信仰》，《宗教学研究》2010 年第 1 期，第 137 页。

　　④ 宋元模：《妈祖信仰在菲律宾的传播》，《莆田乡讯》1987 年 10 月 25 日。

达亚社天上圣母宫(天主教堂)妈祖像(王铮翔 拍摄)

仙彬安洛社隆天宫(王铮翔 拍摄)

马尼拉市九霄大道观（王铮翔　拍摄）

描东岸市妈祖天后宫（王铮翔　拍摄）

八、妈祖文化在泰国:历史与现状

泰国是中国东南沿海移民移入的重要国家,加之其举国崇信佛教,对宗教信仰持较为开放态度,妈祖文化便顺利地与泰国文化相融合,在泰国产生广泛影响力,成为泰国民间文化的一个重要组成部分。泰国境内妈祖宫庙众多,分布于全国各地,据不完全统计现有 100 余座。① 由于缺乏系统完整的统计,很难厘清其具体状况,但根据学者们的抽样调查可以管中窥豹。段立生教授曾对曼谷、吞武里、佛统、洛坤、乌隆、那空沙旺、北大年、素叻等泰国 8 个府的 60 余座中式寺庙进行走访调查,著成《泰国的中式寺庙》一书。据其统计,这 60 余座寺庙中供奉妈祖的有 11 座;再结合《华侨华人百科全书·社区民俗卷》等资料,可对 18 座妈祖宫庙予以考察,详情见表 3-6。

表 3-6 泰国妈祖为主祀或配祀神的主要宫庙汇总②

宫庙名	主配祀	地址	创建者	创建时间
玄天上帝庙	配祀妈祖	曼谷达挠路	潮、闽	1834 年
城隍庙	配祀妈祖	宋卡	不详	1846 年

① 王国安等:《湄洲妈祖乘坐"经济舱"抵达泰国展开巡安之旅》,中国新闻网,2019 年 11 月 14 日,https://www.chinanews.com/gj/2019/11-14/9007694.shtml。
② 段立生:《泰国的中式寺庙》,曼谷:泰国大同社出版有限公司,1996 年;周南京编:《华侨华人百科全书·社区民俗卷》,北京:中国华侨出版社,2000 年;范军:《妈祖信仰的跨域传播与衍变——以泰国妈祖信仰的多元宗教文化融合为例》,《闽台缘文史集刊》2019 年第 2 期;巫秋玉:《论泰国华人社会中的妈祖信仰》,《莆田学院学报》2008 年第 4 期。

续表

宫庙名	主配祀	地址	创建者	创建时间
七圣妈庙	主祀妈祖	曼谷石龙军路	琼	1851 年
天后庙	主祀妈祖	洛坤达努普区莱姆村	不详	19 世纪60 年代前
新兴宫	主祀妈祖	曼谷石龙军路	闽	1864 年
本头妈宫	主祀妈祖	曼谷嵩越路	潮	1882 年
七圣妈庙	主祀妈祖	曼谷迈的集路	潮	1883 年
天后宫	主祀妈祖	洛坤主街	潮	1887 年
普元堂	配祀妈祖	佛统市区	闽	1899 年
天后圣母庙	主祀妈祖	素叻他尼府班多路	琼	1901 年
顺福宫	配祀妈祖	素叻他尼府班多路	闽	1911 年
林氏天后宫	主祀妈祖	京城吞武里达信路	闽	1916 年
本头古庙	配祀妈祖	那空沙旺市区	潮	1945 年
本头公庙	配祀妈祖	素叻府纳孟	潮	1954 年
广灵庙	配祀妈祖	洛坤府北浪县	闽	1956 年
天后圣母宫	主祀妈祖	曼谷中国城	潮	1960 年
南瑶妈祖宫	主祀妈祖	曼谷碧甲盛路	台	2006 年
天后圣母庙	主祀妈祖	曼谷市郊新仙公城	不详	2020 年

注："创建者"一栏中的"闽"指福建籍人士；"潮"指潮州籍人士；"琼"指海南籍人士；"台"指台湾籍人士；"不详"指籍贯未知。

曼谷七圣妈庙(湄洲妈祖祖庙　供图)

曼谷南瑶妈祖宫(湄洲妈祖祖庙　供图)

洛坤天后宫(湄洲妈祖祖庙　供图)

总体来看,妈祖宫庙多数分布于曼谷地区,大概是因为华人华侨主要聚居地就是曼谷。"泰国华人主要分布在各大城市(据说,曼谷市民中华人占 2/5)。"①泰国的妈祖宫庙多由潮州籍华人华侨建立,另外福建籍和海南籍的华人华侨也是重要的参与力量。这亦与泰国华人华侨的人口构成密切相关。1983 年,泰国政府公布在泰华人华侨共 630 万,占泰国总人口的 13%。在泰国华人中,潮汕人占 70%,广东肇庆籍人约占 9%,福建籍人占 7%,客家人籍约占 6%,海南人籍占 5%,云南、广西、江浙和台湾等籍贯的人约占 3%。②

泰国的妈祖宫庙不仅仅是供奉妈祖、供信众祭拜的场所,也成

---

① 钟福安:《泰国华人社会的形成述论》,北京语言文化大学硕士学位论文,2001 年,第 1 页。

② 杨锡铭:《潮人在泰国》,香港:艺苑出版社,2001 年,第 4 页。

为当地的消息集散地、劳工雇佣中心和社区中心,有时更是同乡会馆、学校和医疗场所,集多种功能于一身。① 如曼谷石龙军路是当地重要的商业区,此闹市中分布着两座妈祖庙宇,分别为福建人修建的新兴宫和海南人兴修的七圣妈庙。商业区中的人们纷纷以这两座妈祖宫庙为中心,发布招聘信息、广告,从事各种商业活动。又如为方便联络乡情、互助互惠,琼籍侨领吴乃钲成立成德社,以1901 年建立的素叻他尼府班多路的天后圣母庙为联侨活动中心。②

近年来,随着社会经济的发展,泰国华人华侨群体相融合的趋势逐渐明显,妈祖宫庙也开始打破地域限制,向不同籍贯、方言群体开放,加速群体融合进程。如曼谷地区的福建人寺庙附近潮州人和客家人增多,故而到福建神庙拜神的主体也相应地发生了变化。③

小　结

一个国家妈祖文化传播发展的历史与现状基本上可以通过该国妈祖宫庙的情况来进行分析。从上文日本、韩国、越南、新加坡、马来西亚、印尼、菲律宾、泰国等国家妈祖宫庙创立的历史与现状来看,"海丝"沿线国家妈祖文化传播发展的现状具有以下特征:一是妈祖宫庙现存数量比较多。除了韩国目前只剩下 3 处妈祖宫

---

① 马丽娜:《泰国华人妈祖信仰——跨族群的交际》,广西民族大学硕士学位论文,2016 年,第 14 页。
② 巫秋玉:《论泰国华人社会中的妈祖信仰》,《莆田学院学报》2008 年第 4 期,第 86 页。
③ 巫秋玉:《论泰国华人社会中的妈祖信仰》,《莆田学院学报》2008 年第 4 期,第 87 页。

庙,其他国家主祀和陪祀妈祖的宫庙基本上还有几十处至上百处,马来西亚最多,甚至还有约 200 处。二是妈祖宫庙创立时间比较早。除个别国家如越南宋代就有妈祖宫庙外,东亚、东南亚大多数国家随华人移民、华商的到来从明代开始创立妈祖宫庙,中间陆陆续续,有荒废,有保留,有重建,到现在依然还有新建妈祖宫庙。三是一国妈祖文化分布基本上与该国华人聚居地分布一致。这印证了一直以来的一个观点,即"有海水的地方就有华人,有华人的地方就有妈祖"。四是妈祖宫庙大多数保留了中国建筑样式,也有一些与所在国宗教融合发生了较大的变化。如日本一些妈祖宫庙是以神道教的神社形式存在的,一些是以日本佛教寺庙形式存在的;菲律宾一些妈祖宫庙是以天主教教堂形式存在的;越南一些妈祖宫庙是以越南民间信仰宫庙形式存在的,一些是以越南佛教寺庙形式存在的;泰国一些妈祖宫庙则是以泰国佛教寺庙形式存在的。通过这样的融合,妈祖文化很好地适应了所在国的发展需求,得以生存发展。五是一国妈祖文化的影响力与该国华人影响力有较大的正相关关系。如马来西亚、新加坡华人在各自国家的经济社会文化方面影响力大,相应地,妈祖文化影响力就大。

第四章　妈祖文化在海上丝绸之路
传播发展的机制与路径

妈祖文化从宋代产生以后,就从莆田逐步传播至中国沿海各地,成为航海人的精神支柱。宋代随着造船技术提高,中国与东亚、东南亚地区海洋贸易逐渐繁荣,妈祖文化也随着海路传播至东亚、东南亚等地区。传播发展的机制既有官方推动的,也有民间组织的;传播发展的路径既有使臣往来,也有民间贸易往来和华人移民落地。随着时代发展,妈祖文化在"海丝"沿线国家的传播发展有高潮迭起,也有低迷落寞。

一、妈祖文化在日本:机制与路径

从最早的明代洪武年间至现在,妈祖文化陆陆续续在日本不同地区传播发展,其传播发展的机制与路径各有特点。

(一)明清时期朝贡贸易、册封使往来和中国移民把妈祖文化传播至冲绳地区

历史上,妈祖文化传入冲绳地区主要是在 14 世纪至 19 世纪中期的琉球王国时代。当时琉球王国是中国的藩属国,与中国保

持着十分密切的交往。明洪武二十五年（1392），明朝统治者为了保证琉球朝贡的顺利进行，在赐给海舟的同时，还赐给琉球"闽人三十六姓善操舟者，令往来朝贡"[1]。闽人三十六姓从泉州出发，乘风破浪，到达琉球首府那霸，后在久米村定居下来。其时，妈祖信仰经过宋元两代的传播，已经成为航海者，尤其是闽人海上活动的精神支柱。这些闽人在久米村定居下来后，建立了上天妃宫，出海之前必去朝拜妈祖，上天妃宫由此成为琉球闽人信仰的中心。在柴山、郭汝霖等册封琉球使臣的勉力推动下，精心修缮的上天妃宫不仅成为琉球国官方祭祀妈祖的场所，且被指定为朝（接）贡使团出发前的航海祈福之地，如遇册封舟前来还充当其所祀妈祖圣像的临时供奉处。出使琉球的中国册封舟停靠港口后，船上的妈祖像就会被恭恭敬敬地请入上天妃宫敬奉。上天妃宫的这些重要职能无疑说明其实为中琉宗藩关系的文化象征。

历史上，琉球王国还建有下天妃宫，其是由琉球中山王尚巴志于永乐二十二年（1424）命人修建的。据《中山世谱》卷四《尚巴志纪》记载："明，永乐二十年壬寅即位。……二十二年甲辰春遣使，以父思绍讣闻于朝。成祖命礼部遣行人周彝赏敕至国，赐祭赙以布帛。本年，命辅臣创建下天妃庙。"[2]尚巴志敕建的下天妃宫成为琉球王国专门管理朝贡、中琉贸易活动和官方祭祀妈祖的场所。据李献璋分析，明成祖时期因郑和下西洋活动的进行，崇祀妈祖已经成为明朝官方航海活动的必须之举。因此，中琉海上往来中也必崇祀妈祖，原来琉球崇祀妈祖都是在由侨居琉球的闽人所建的上天妃宫进行，为了显示官方诚意，中山王特地建了下天妃宫。

据记载，琉球王室还敕建了第二座妈祖庙——久米岛天后宫，

---

[1] 龙文彬：《明会要》卷七七，北京：中华书局，1956 年，第 1503 页。

[2] 李献璋著，郑彭年译：《妈祖信仰研究》，澳门：澳门海事博物馆，1995 年，第 227 页。

又名菩萨堂,由清代册封使全魁、周煌提议兴建,于 1759 年建成。《琉球国志略》卷七《祠庙》记载:

> 天妃宫有三……一在姑米山,系新建。兹役触礁,神灯示见;且姑米为全琉门户,封、贡海道往来标准。臣煌谨同臣魁公启国王代建新宫,崇报灵迹。中山王尚穆,现在遴员卜地鸠工。臣煌使旋有日,恭制匾、联各一:匾曰"玉山仙姥",联曰"凤舸灿神光,一片婆心扶泰运;龙津标圣迹,万年福曜镇安嘉"。米、姑各地更为立碑,以纪其事。①

可见,久米岛天后宫主要是吸取触礁的教训,作为航标而兴建的。因久米岛天后宫主要作为航标来用,所以各类史料中未见祭祀活动的记载。

(二)16—17 世纪中日海上走私贸易和中国移民把妈祖文化带到了西日本地区

16 世纪中期,中日之间走私贸易活动兴盛之时,妈祖信仰传播到了九州南部的萨摩和九州西部的平户岛、五岛等地区,其中尤以萨摩地区为代表。据史料记载,在野间岳的野间岳权现社、爱染院、本地堂等地都曾供奉过妈祖。

野间岳权现社因位于野间岳而得名。野间岳是萨南三名山之一,海拔 591 米,位于萨摩半岛西南的野间半岛上,著名的片浦港就在该山的东麓之下。野间岳权现社奉祀妈祖的缘起,据《大日本国镇西萨摩州娘妈山碑记并铭》记载:

> 我大日本国萨摩州川边郡加世田娘妈山宫庙,其来尚矣。古老之言曰:有中华神女,机上毕睫游神……手持梭,足踏机

---

① 周煌辑:《琉球国志略》,台湾文献丛刊第 293 种,台北:台湾银行经济研究室,1971 年,第 166 页。

轴而眠,其状若有所挟。母怪急呼之,醒而梭坠。神女泣曰:
"阿父无恙,兄没矣。"顷而报至,果然……神女哭哀……誓愿
曰:"当来世海中遇难者,念我乞救护……我毕应之,令得度
脱。"遂投身入海。其肉身临此,皮肤丽如桃花,身体软如活
人。观者如堵,远近大惊之,知其非凡人也。举而以礼葬
焉……国君特立庙山巅,号曰"西宫"。春秋二祀,虔依典
礼。①

野间岳权现社的信众,可以说既有日本人也有中国人。其一,
重修西宫并合祀妈祖的是萨摩的统治者岛津忠良,他如果不信奉
妈祖,断无合祀的道理。其二,过往的中国海商是野间岳权现社的
忠实信徒。据《长崎夜话草》(1720)记载:"唐船在洋中初见此山
时,烧纸钱,鸣金鼓而拜祭。"②因野间岳也是海上的航标,所以中
国商船在见到野间岳后就知道已到达日本,必然会祭拜野间岳山
顶奉祀的妈祖致谢。

岛津忠良在重建西宫时,还在距离山顶五里处重建了爱染院。
因西宫在野间岳山顶,信徒们往来不便,于是在爱染院内新建了妈
祖祠堂,以方便"行来唐人的参诣和入港唐船卸下船菩萨"③。

本地堂在野间岳的第二华表处,据说也是由岛津忠良创建的。
该堂原来是阿弥陀堂,后来祭祀妈祖,悬挂"娘妈堂"匾额。据《三
国名胜图会》卷二十七记载:

> 本地堂,在野间岳八分处,即接野间神社下。安置本地阿
> 弥陀如来。又堂内安置娘妈神女石像一座及千里眼、顺风耳

① 桥口兼柄编:《三国名胜图会》卷之二十七,东京:西乡活版印刷所,1905
年,第 24 页。

② 西川忠亮编:《西川如见遗书》第六编《长崎夜话草》一之卷,求林堂藏版,
1898 年,第 5 页。

③ 李献璋著,郑彭年译:《妈祖信仰研究》,澳门:澳门海事博物馆,1995 年,第
248 页。

石像二座。此堂又称娘妈堂。旧记曰："明人林氏避乱,来住加世田片浦,奉来天妃像,建此堂以安置神像。"[①]

因妈祖信仰,有的人还直接称野间岳为娘妈山。野间岳的妈祖祠堂不仅吸引了中国海商前来崇祀,也成为当地人崇祀的场所。

明清鼎革之际,随中日走私贸易发展而形成的海商船主,与为避战乱波及的文人士大夫辐聚日本长崎,逐渐形成了在日华侨群体。当是时,德川幕府严厉禁止外人在日传播天主教。为了获得长崎当局对于华侨群体的宗教认同,图谋改善自身的发展环境,特别是出于祈祷跨国海上贸易平安顺遂的需要,定居长崎的三江帮、泉漳帮、福州帮等华侨商帮发起了兴建佛寺倡议,对被日本地方史志合称为"唐三寺"的兴福寺、福济寺、崇福寺的建设,捐资出力甚多。他们以雄厚的经济实力,将妈祖尊奉为这些寺庙的主要神祇。关于这些寺庙的主流信仰,内田直作指出,"当初是以妈祖堂、关帝庙为主体的",佛教神祇反而居次要地位了。究其原因,对于华侨商帮而言,中日跨国贸易中变化无常的风浪、高深叵测的人心、祸福难料的人生才是海上生活的真正样貌,因而他们对于海神妈祖感念至深,尊崇妈祖以求庇佑。

以上三座寺庙与 17 世纪后期长崎新建的圣福寺,合称为"唐四寺"。它们不仅作为华侨商帮在异乡奋斗的精神支柱,而且广泛参与华侨群体的婚丧、集宴、救济等社会事务,兼有明清同乡会馆之功能,实为 18 世纪末"八闽会馆"和 19 世纪末"福建会馆"的滥觞。除了托身于佛寺,长崎的妈祖信仰也通过单独立祀加以维持,如 1736 年长崎华侨商帮在日本当局指定的华人聚居区——"唐人坊"内,斥资建造了一间小型的天后宫,满足华商就近祭祀妈祖之

[①]　桥口兼柄编:《三国名胜图会》卷之二十七,东京:西乡活版印刷所,1905 年,第 24 页。

迫切需求。[①] 截至二战前,长崎共有上述 6 处供祀天后妈祖的寺庙和会馆。[②] 这些场所时常举行"菩萨扬""菩萨乘"等盛大的妈祖祭祀活动,进一步推动了妈祖文化在日本的传播。

(三)17 世纪后期日本幕府高官和日本海商把妈祖文化引入东日本地区

妈祖信仰在东日本传播之始是天和元年(1681)华僧东皋心越应聘来到东日本水户藩的天德寺(位于今茨城县),其在参禅之余对随身带来的妈祖像崇祀不辍。

受到东皋心越奉祀妈祖的影响,德川光圀于元禄三年(1690)在矶原(位于今茨城县北茨城市)海滨突入海中的小山上创建了天妃社奉祀妈祖,小山也被命名为"天妃山"。其后,又在水户外港那珂凑(位于今茨城县常陆那珂市,凑指港口)对岸矶滨(位于今茨城县东茨城郡大洗町)的山丘上创建了天妃山妈祖权现社,在其内奉祀妈祖。此后,一艘来自下北半岛大间(今青森县下北郡大间町)的船在那珂凑近海遇险,因向妈祖祈祷而化险为夷,在郡主伊藤五左卫门的努力下,妈祖信仰被传播到下北半岛的大间港,并创建"天妃妈祖权现"奉祀妈祖。日本明治维新时,大间町的"天妃妈祖权现"与稻荷神社合并。七滨御殿崎(位于今宫城县宫城郡七滨町)也有妈祖信仰,是由仙台的藩士从矶滨传播而来的。当时他们在听说了妈祖的灵验之后,将妈祖画像奉迎至七滨御殿崎的神社中加以奉祀。除了上述地区以外,妈祖信仰还从水户传播到了江户(今东京都)。据小山田与清的《松屋笔记》卷六十记载:

---

① 童家洲:《日本、东南亚华侨华人的妈祖信仰》,《莆仙文化研究院——首届莆仙文化学术研讨会论文集》,2002 年,第 74 页。

② 童家洲:《日本华侨的妈祖信仰及其与新、马的比较研究》,《华人华侨历史研究》1990 年第 6 期,第 33 页。

在西国称为水天宫,所祀天妃为汉土之神……常陆水户海边处处有天妃之宫,西山黄门(指德川光圀)祭祀供养。今筑后(今福冈县的一部分)水天宫天妃灵验,久留米候(筑后久留米藩藩主)亦在赤羽(东京都北区)宅邸内供奉,并以每月五日为缘日(特定的祭祀日,多有庙会),前来参诣之男女老少不计其数,其盛况可与赞岐金毗罗权现每月十日之缘日相抗衡。①

此外,在现今千叶县也有保存至今的天妃宫,据说建于日本宝历年间(1751—1764),创建者不详,估计也是由水户等地传播而来的。

(四)近现代日本华人华侨兴建新的妈祖宫庙,日本妈祖信众前往湄洲妈祖祖庙进香交流

19世纪后期起,随着西风东渐,日本开始学习西方,打开国门对外开放,对外贸易不再局限于长崎一地,大阪、神户、横滨等地陆续得到开放,华商在日本的经营活动自然也得到了扩展,妈祖文化随之传播到了大阪、神户、横滨等地。抗日战争爆发后,大量华人华侨离开了日本,妈祖文化在日本的传播也基本中断了。二战后,随着中日关系的恢复,在日华人华侨数量不断增加,妈祖文化在日本又逐渐恢复传播和发展。如今,不论是西日本还是东日本,日本新的妈祖宫庙基本是由日本华人华侨推动兴建的,如分别于2006年和2013年建成的横滨天后宫和东京朝天宫等。这些新建的妈祖宫庙都位于华人聚居区,起到既能保持华人社区传统历史,又能凝结华人社区居民力量的功能。

中国改革开放后,日本妈祖信众经常来湄洲妈祖祖庙谒祖进

---

① 小山田与清:《松屋笔记》卷之六十,东京:图书刊行会,1908年,第338页。

香或考察调研,如:1991 年 7 月 10 日,日本妈祖会会长入江修正一行 5 人抵湄洲进香。1993 年 8 月 20 日,日本大阪经济法科大学教授、综合科学研究所所长村川行弘等 3 人到湄洲考察妈祖文化,并与莆田学者进行学术交流。1996 年 10 月 18 日,日本大正大学教授访问团一行 6 人抵湄洲妈祖祖庙参观访问。1997 年 11 月 24 日,日本琉中文化交流史研究会福建访问团一行 12 人由团长小川阳一教授率团抵湄洲参观考察并进行学术交流;11 月 25 日,日本妈祖会会长曾定修一行抵湄洲谒祖进香。1998 年 9 月上旬,日本京都大学人文科学研究所横山俊夫教授抵祖庙参观调研。1999 年 8 月 5 日,日本《朝日新闻》记者清水盛彦抵祖庙采访;10 月 17 日,日本"唐馆 310 周年纪念"福建友好访问团一行 57 人,在林真古刀和陈东华率领下抵祖庙进香,参加纪念妈祖升天 1012 年祭典,并请回一尊妈祖神像;12 月下旬,以上里贤一为团长的日本琉球大学教授访问团抵湄洲参访调研。2014 年 5 月 10 日,日本长崎妈祖庙鬼永武一行 17 人赴湄洲妈祖祖庙谒祖进香。① 2017 年 5 月 13 日,日本长崎妈祖庙一行 12 人,在鬼永武会长的带领下,恭奉两尊分灵妈祖,时隔 3 年后,再次回妈祖故里谒祖进香;② 10 月 12 日,日本黄檗文化交流团一行参访中华妈祖文化研究院,参加了祭拜妈祖三献礼仪式。③ 2018 年 8 月 8 日,已成立 45 周年,每年都参与在日本横滨市中华街举办"妈祖节""妈祖祭"活动的日本国际妈祖会会长曾凤兰一行 11 人赴妈祖故里湄洲岛谒祖

① 潘真进:《妈祖之光:一个新闻人眼中的妈祖》,福州:海峡文艺出版社,2018 年,第 14 页。

② 林群华、徐国荣:《日本长崎妈祖信众时隔 3 年再回祖庙谒祖进香》,中华妈祖网,2017 年 5 月 15 日,http://news.chinamazu.cn/mzkx20170515/30746.html。

③ 吴伟锋:《日本黄檗文化交流团来莆参访,共商妈祖游日本》,闽南网,2017 年 10 月 13 日,http://www.mnw.cn/news/pt/1858955.html。

进香。① 2024 年 10 月 19 日,日本长崎妈祖会会长鬼永武一行赴湄洲妈祖祖庙谒祖进香,在湄洲妈祖祖庙董事会董事林玉美陪同下,向妈祖行三献礼,并赠送交流纪念品;②12 月 3 日,湄洲妈祖分灵日本千叶船桥妈祖庙仪式在湄洲妈祖祖庙天后宫举行。湄洲妈祖祖庙董事会董事长林金赞陪同日本莆仙同乡会会长、日本千叶船桥妈祖庙董事会名誉会长杨建飞,千叶船桥妈祖庙董事会会长陈加宾一行向妈祖行三献礼仪式。林金赞向千叶船桥妈祖庙颁发分灵证书并赠送交流纪念品。③ 这些年日本妈祖信众多次的湄洲妈祖祖庙进香交流活动,有力地推动了妈祖文化在日本的继续传播与发展。

二、妈祖文化在韩国:机制与路径

宋代以后,成为中国海洋文化典型代表的妈祖文化随着东北亚海上丝绸之路的繁荣发展以不同的路径和传播方式陆续传入朝鲜半岛,成为中韩悠久交往历史的文化纽带和文化记忆。

(一)宋代中国使团往来高丽推动妈祖文化登陆朝鲜半岛

宋代,朝鲜半岛上的高丽王朝与我国常通过海路安排官方使

---

① 徐国荣:《妈祖故里湄洲岛迎来日本国际妈祖会进香团》,中国新闻网,2018 年 8 月 9 日,http://www.chinanews.com/cul/2018/08-09/8663019.shtml。

② 湄洲妈祖祖庙:《日本长崎妈祖会赴湄洲妈祖祖庙谒祖进香》,《妈祖故里》2024 年第 147 期。

③ 《湄洲妈祖分灵日本千叶船桥妈祖庙》,福建日报网,2024 年 12 月 4 日,https://www.fjdaily.com/app/content/2024-12/04/content_2959052.html。

者往来,交流十分频繁。根据研究统计,从 1012 年的高丽显宗三年(北宋大中祥符五年)开始到 1279 年的高丽忠烈王五年(南宋灭亡的祥兴二年),高丽国与宋王朝的往来总共有 134 次之多。因辽的南侵,1078 年的高丽文宗二十八年(北宋元丰元年)从中国北方登州出发的横跨黄海往来高丽的路线被迫改成了从中国南方的明州(今浙江宁波市)出发跨越东海、黄海往来高丽。从此时起,至1123 年的高丽仁祖元年(北宋宣和五年)路允迪被朝廷安排前往高丽出使前,宋王朝与高丽国的官方使臣往来达 37 次,而且每次去高丽的使臣加上随从人员少则 10 多位,多则达数百位,规模比较大。① 在当时,航海技术比较落后,航船设备比较简陋,航海过程凶多吉少,使臣们为了航行平安自然会祈求海神的庇佑,而已逐渐在东南沿海地区民间流行的航海保护神妈祖就成为航海人的精神支柱。由此,随着中国使团频繁往来高丽,妈祖文化在这一次次交流中登陆朝鲜半岛并传承下来。

使臣在妈祖护佑下完成朝廷使命,这在南宋廖鹏飞作的《圣墩祖庙重建顺济庙记》中有详细记载,如:

> (妈祖)姓林氏,湄洲屿人。初,以巫祝为事,能预知人祸福;既殁,众为立庙于本屿。圣墩去屿几百里……故商舶尤借以指南,得吉卜而济,虽怒涛汹涌,舟亦无恙。……越明年癸卯,给事中路允迪使高丽,道东海,值风浪震荡,舳舻相冲者八,而覆溺者七,独公所乘舟,有女神登樯竿,为旋舞状,俄获安济。因诘于众,时同事者保义郎李振,素奉圣墩之神,具道其详。还奏诸朝,诏以顺济为庙额。

即朝廷使臣路允迪在出使高丽国的航海途中,碰上了狂风巨

---

① 朴现圭:《高丽时代妈祖接触考》,《鲁东大学学报(哲学社会科学版)》2009年第 3 期,第 26～30 页。

浪,船马上就要沉没了,此时,人们看见有女神在船的桅杆上跳舞,船瞬间平安了。该条船上的保义郎李振说是其家乡圣墩妈祖庙供奉的妈祖显灵保佑才化险为夷的。回来后,路允迪随即向朝廷报告了他们的惊险经历,并启奏朝廷褒封妈祖的护佑事迹,朝廷准奏,赐了"顺济"庙额给圣墩妈祖庙。

(二)明代多次往来中国的朝鲜使臣和支援朝鲜的明朝水军促进妈祖文化在朝鲜半岛传播

元朝与高丽的往来转走陆上通道,海上通道的来往迅速变少了。这一时期,为了军事行动和调派物资,依然还保留了以庆元(宁波)为中心的海上交通线,但与高丽之间的海上贸易不活跃,由此妈祖文化在朝鲜半岛的传播较为缓慢。

明朝建立后,朝鲜王朝和中国的海上往来又变得异常活跃,在明朝前后的 276 年期间,朝鲜使臣前往中国合计 1252 次,平均每年 4.5 次,每次出使的使团规模平均约达 138 人。开始时,郑梦周、权近、李詹等使臣先是走陆路跨鸭绿江后到旅顺,从旅顺航海经庙岛群岛后登陆蓬莱,再从蓬莱走陆路去南京。后来,全湜、金尚宪、吴天坡等使臣则从鹿岛渡海,经长山岛(今辽宁省长海县)和庙岛后登陆蓬莱,再从蓬莱走陆路赴北京。

高丽、朝鲜使臣出使中国的路线都经过庙岛(当时称沙门岛),必须在此候风,并祈求妈祖保佑航行平安,因此在沙门岛上留下了许多使臣关于妈祖的诗篇。① 如高丽王朝末期的文臣郑梦周(1337—1392)《圃隐集》卷一《沙门岛》:"神女祠何处,沙门海上岑。戎车连鹤野,贡道接鸡林。利涉由灵贶,徽封自圣心。泊舟来酌

---

① 林明太、黄朝晖:《妈祖文化在海上丝绸之路沿线国家的传播与发展》,《集美大学学报(哲学社会科学版)》2015 年第 4 期,第 1~6 页。

酒,稽首冀来歆。"这里的"神女祠"指的是供奉着妈祖的天妃庙。沙门岛今称庙岛,北宋宣和四年(1122),岛上渔人为求海神保佑,在沙门岛凤凰山前修建了妈祖庙,又称娘娘庙,庙岛之名即由此而来。

朝鲜王朝初期文臣权近(1352—1409)的《九月初二日发船,泊沙门岛待风》写道:"秋晨天气佳,和暖如春暮。篙师乃发船,海晏波不起。来泊岛屿中,祠宇肃清阒。利涉赖阴功,默默心有冀。"那个时期,往来渤海湾的船只要顺利渡海,常常要暂时在沙门岛停泊等顺风,风至就出发。权近率领的使团船在到达沙门岛后,因为一直没有等到顺风,所以无法继续出发。这时,船夫们纷纷前往岛上的天妃庙祭祀,祈求妈祖显灵护佑,权近也跟随前往祭拜。这里"利涉赖阴功"的诗句和郑梦周的"利涉由灵祝"是同一个意思,都是把能平安渡过渤海的所有希望寄托在了妈祖的护佑上。九月初三日,权近一行的船只等来顺风正准备离开沙门岛,发现其中一艘总旗船由于晚到了,还没祭祀妈祖,决定把出发的时间推迟,等祭祀好了再一起出发。就是说,当时的船夫就算是风向很好,很适合航行,但如果没有祭祀妈祖的话,也不敢出航。这一习俗在同一时期朝鲜使臣李崇仁(1347—1392)《留沙门岛,奉呈同行评理相君》"神妃享祀应需报,海若潜形不敢窥"中也得到了体现,说明"起航先拜妈祖,有船必有妈祖祈像"的习俗已经在朝鲜流传了。朝鲜王朝中期的吴天坡(1592—1634)有《泊庙岛》诗句"春波如练好风迟,处处移帆近古祠。向夜悄然人语静,船头香火礼天妃",其中"船头香火礼天妃"句再次说明妈祖天妃是被普遍供奉在朝鲜使船上的。由此可见,当时妈祖文化已在朝鲜半岛有较大的影响了。

明朝万历年间丁酉倭乱时,支援朝鲜的明朝将领陈璘率领的水军驻扎在今韩国莞岛郡东边的古今岛。据1599年李天常所著的《古今岛关王庙创建事实》记载,陈璘在来朝鲜前梦到关公,到古今岛后再次梦到关公,梦中关公传授他取胜的妙计,于是为了宣扬所率水军受到神灵相助以提高士气,其与副将季金于 1598 年在古今岛附属岛屿中的庙堂岛建了一座关王庙。由于陈璘原是广东南澳岛的副总兵,南澳岛的妈祖信仰氛围十分浓厚,天后宫就建在总兵府前,陈璘撰写的《南澳山种树记》碑就立在天后宫的入口处。因此,在关王庙中他还供奉了海神妈祖、千里眼及两个侍女。关于此事,李天常载道:"右又立千里望者之神一人。西有天妃圣母之位,位牌书之曰'护国佑民天妃圣母之位'。其左右有侍女二人,左曰海渚之神,右曰南瞻部洲之神。"①丁酉倭乱结束后,陈璘和季金把古今岛的关王庙交给了当地的百姓管理,由此妈祖文化在这里传播开来。后关王庙历经重修,祭祀活动持续进行,但到了1940 年,由于日本人加剧镇压,关王庙传承多年的祭祀活动被废止,包括妈祖牌位在内的各种遗物都被拆除了,古今岛的妈祖文化失传了。

（三）清代至民国时期华商推动妈祖文化在朝鲜半岛发展

1882 年 7 月,爆发了壬午军乱,清政府派吴长庆将军率大队清军支援朝鲜政府。当时,一些负责军需供应的中国商人也随军队而来,从此近代华侨开始大批进入朝鲜半岛。是年 10 月,朝鲜和清朝缔结了《朝清商民水陆贸易章程》,改变了之前单一的陆路边境交易方式,允许水路和陆路同时进行。按照该章程赋予华商的内陆通商权和沿岸贸易权,华商在汉城(今首尔)、平壤、仁川、大邱、光州等地可以名正言顺地开设店铺,直接开拓当地市场,华商

---

① 李钟周、唐田:《韩国华侨的妈祖信仰与韩国海神》,《妈祖文化研究》2019年第 2 期,第 32～42 页。

在朝鲜的商业贸易活动更为积极活跃了。① 汉城清公馆周边的观水洞、水标洞、南大门一带,是华商的主要活动范围,他们在这些地方聚居,并组建了"中华会馆"的商业组织,逐渐形成了汉城的华侨社会。后来,中华会馆按照地域分布,分化发展成了位于水标洞一带的北帮会馆,位于西小门一带的南帮会馆,和位于小公洞一带的广帮会馆。随着华商贸易事业发展的需要,他们在清公馆附近创建了居善堂,供奉了包括护佑航海平安的海神妈祖在内的各种来自家乡的神灵,祈求神灵们护佑贸易平安顺利、生活安宁和事业繁荣昌盛。在仁川,华商商业贸易活动范围主要在北城洞和善邻洞一带,形成了以仁川港小山坡为中心的华人街。华人街中心位置建了可以直接看见大海的清国公馆,周边为华商居住的房屋和经商的商店,同时建设了客栈和贸易市场。随着华人街的发展,华商也在公馆附近创建了义善堂和后来毁于战火的海神娘娘庙等,供奉包括海神妈祖在内的来自家乡的神灵。

韩国成了日本殖民地后,原本几乎垄断朝鲜半岛商业贸易活动的华商被日本商人视为眼中钉,开始受到排挤。1931 年"九一八"事变后,华侨在韩国已几乎没有地位了,人数急剧减少,包含妈祖信仰在内的华商信仰活动基本停滞。1945 年 8 月日本人投降,当时韩国消费品奇缺,华商利用原有的商业贸易关系,积极为当地人民提供商品,再次活跃起来,地位逐渐恢复,人数逐渐增加,到1948 年,韩国华侨人数达 8 万多人。② 随着华商经济实力的恢复,妈祖文化再次得到恢复发展。

---

① 詹小洪:《韩国华侨的今昔》,《炎黄春秋》2004 年第 7 期,第 64～67 页。
② 詹小洪:《韩国华侨的今昔》,《炎黄春秋》2004 年第 7 期,第 64～67 页。

（四）现代妈祖信众和妈祖文化学术交流重新推动妈祖文化在韩传播

1950—1953 年的朝鲜战争,使刚恢复不久的华侨经济再次受到毁灭打击。朝鲜战争结束后,韩国先后执政的李承晚、朴正熙、全斗焕、卢泰愚等政府都实行了排斥外侨的保护主义政策,华侨难以开展正常的经济活动,纷纷离开韩国,到 1992 年中韩建交时,韩国华侨的数量只有两万多了。朝鲜战争后,由于中韩断交,韩国华侨与中国大陆的联系几乎完全中断。此时韩国华侨为了生存需要,与台湾地区经济文化联系紧密,几乎每一华侨家庭都有人在台湾地区留学。受台湾地区浓厚的妈祖文化氛围影响,韩国华侨对妈祖文化比较熟悉。2005 年,在新北市慈明宫五行会担任会长的釜山华侨孙建仁和慈明宫创办者、台湾地区妈祖信众王德雄等人,着手在釜山修建妈祖庙宇,弘扬普及妈仰文化。2006 年 5 月 11 日,位于釜山影岛区的韩圣宫(天后宫)在台湾地区妈祖信众和釜山华侨的共同努力下建成开宫。信众以釜山当地华侨为主,也有部分韩国人。①

20 世纪 80 年代末、90 年代莆田举办多次妈祖文化学术论坛,以及 2015 年至今,莆田学院举办一年一届的国际妈祖文化学术研讨会。韩国人类学学会金光亿教授、文玉杓教授,韩国顺天乡大学朴现圭教授,韩国全北大学李钟周教授、李定勋教授、朴淳哲教授、咸翰姬教授等韩国妈祖文化研究学者先后参会,与世界各地的妈祖文化研究学者探讨交流了韩国的妈祖文化研究成果。2018 年 10 月,笔者与莆田学院许元振教授等前往韩国济州道参加"中韩

---

① 朴现圭:《韩国的妈祖信仰现况》,《莆田学院学报》2016 年第 1 期,第 1～9 页。

海洋文化学术交流",会上交流了妈祖海洋文化研究成果。学者们的妈祖文化学术交流进一步推动了中韩妈祖文化传播交流的恢复与发展。

三、妈祖文化在越南:机制与路径

妈祖文化在越南的传播既是海外华侨心理寄托的需要,也是越南民众心理慰藉的需要,共同丰富着海洋文化的内涵。其从中国传播到越南分为四个时期,不同时期传播交流的机制与路径有所不同。

(一)宋元明时期的海洋贸易、移民和郑和七下西洋将妈祖文化初步传播至越南

宋代航海技术和相应的海洋商业贸易有了较大的发展,许多沿海地区居民出于经济与政治等原因,移民到刚脱离中央王朝统治而独立的"大瞿越国",即现在的越南。据宋代洪迈《夷坚志》载,泉州人王元懋"尝随海舶诣占城,国王嘉其兼通番汉书,延为馆客"。到南宋末年,中原动荡不安,不少南宋朝廷官员和抗元义士也避居越南。如 1274 年,有一批人"以海船三十艘,装载财物及妻子,浮海来(越南)萝葛原",不久这些人被安置在当时"大瞿越国"京都附近的"街姥坊"。① 航海者在漂洋过海平安到达目的地之后,为感谢妈祖的庇佑,通常会将随身带来的妈祖神像或香火供奉在登陆地点或落户处,朝夕上香祭拜。宋末及元明时期这些来越

---

① 颜星、张卓梅:《越南华人:历史与贡献》,《文山师范高等专科学校学报》2002 年第 1 期,第 43～46 页。

南贸易和逃难移居的中国人,在主要落脚点兴安、海防、会安等越南北部、中部地区建立了妈祖庙。现今在兴安市天后宫内遗存的《潮州府重修碑记》记载着"北和下庸古宪南北,我天后圣母祠在焉,元明时列祖来商所肇建也。蕃盛根荄,慈恩是赖"①等内容,载明了类似兴安市天后宫等越南早期天后宫就是由元明时期前往越南进行海洋贸易的商人或移民肇建的。

明成祖时,郑和率大型船队七次远航西洋,途经亚非30多个国家与地区。他每次出洋前,为祈求航行平安和稳定军心,都要到妈祖庙祭拜海神妈祖,有次受成祖委派前往泉州天妃宫宣读祭文,曰:"唯神有灵,默加佑助,俾风波无虞。""水途适遇狂飙,祷神求庇,遂得全安归。"②郑和船队经过现今的越南、柬埔寨、文莱、马来西亚、印尼、泰国、孟加拉国、斯里兰卡、印度、伊朗、索马里等国家,在所经之处均创建妈祖宫庙,祭祀妈祖,有力地推动了妈祖信仰在这些地方的传播发展。越南占城是郑和下西洋首站必到之地,因而妈祖信仰也随郑和船队的到来在越南中南部进一步传播开来,为当地人接受和崇信。到明代中期,中越两国海洋贸易越来越繁盛,广东、福建等沿海地区百姓赴越南经商贸易的日渐增多,越南华商聚居地零零散散地有了妈祖庙,初步产生了妈祖文化。

(二)明末清初反清人士将妈祖文化较大规模地带至越南

明末清初,一些明朝遗臣及其随从、家属等流落到越南成为移民。1671年,广东雷州人郑玖说服了柬埔寨国王,率部下和反清文人等近千人移居到当时还属于柬埔寨的河仙地区。1708年,郑

---

① 李天锡:《越南两方碑记解读——以妈祖信仰为中心》,《学术问题研究》2011年第1期,第57~61页。

② 佚名:《天后圣母圣迹图志》,佛镇庆云楼重刊本,1859年。

玖转投越南阮朝,阮朝封他为河仙镇总兵侯,统管河仙地区。此后,河仙地区就归入越南的版图了。1735 年,鄚玖逝世,他儿子鄚天赐继承父业,继续在河仙地区开拓发展,不断扩大所属土地,面积达 6 万平方公里左右,涵盖了现今的坚江、薄寮、金瓯、朔庄、芹苴等几个省。1679 年,明朝高雷廉总兵陈上川、副将陈安平和龙门总兵杨彦迪、副将黄进等率部下及追随的家属、商贩 3000 多人,乘百余艘船出海,来到属于越南南朝阮福濒势力范围的岘港,阮氏王朝收留了他们,并派他们到南部(现今是越南同奈省、胡志明市堤岸、前江省美萩市等地方)进行开发。① 鄚玖、鄚天赐和陈上川、杨彦迪等所带的随从基本上是福建、广东等沿海地区的百姓,他们来到越南中南部地区后,通过捐资在各定居地建庙,开展各类迎神庙会活动,将家乡的妈祖信仰和其他深含儒学价值的风俗、习惯、文学、艺术等在越南中南部广泛传播及发展开来,使妈祖文化成为当地主流的民间文化。

(三)清代和民国时期华人移民扩大妈祖文化在越南的传播

清代康熙中期,"东南靖海""戡定台湾"等先后完成,反清势力逐渐减少,由于政治原因移民越南的人也就逐渐减少。此后,移民越南的华人主要是为了解决生计。乾隆年间,孙士毅率军讨伐越南,然而班师回朝时,"士马还者不及半",大部分清兵不愿意回去,而是与此时期移居越南的中国商人、矿工等一起"悉为编户矣"。1778 年,部分华人向南迁徙,努力开荒,当地的西贡和堤岸逐步发展成为繁华的集镇,成为南部重要的商业枢纽,也成为华人聚居的

---

① 邱普艳:《越南华侨社会的形成与发展》,《东南亚南亚研究》2012 年第 1 期,第 82～87 页。

地方。鸦片战争以后,中国进入半殖民地半封建社会时期,传统的自然经济体系受到较大的冲击,加上太平天国运动对江南地区社会生产带来的严重破坏,老百姓生活日趋困苦。一部人为了生活,开始向外寻求出路。1860 年《北京条约》签订,清廷被迫允许国人可以自由迁徙,这为许多向海外寻求出路的人提供了方便。1870年后,法国殖民越南,采取各种措施大力吸引中国劳动力来开发越南,中国移居越南的人迅速增加,1911 年左右华人移民达 12 万人,1921 年达 19.8 万人,1931 年为 26.7 万人。抗日战争全面爆发后,中国东南沿海地区老百姓约 10 万人到越南避难。1949 年冬,国民党残军 3 万多人夹带大批百姓逃入越南,1953 年军队撤往台湾地区,夹带的老百姓则多数留在了越南。各种原因使移民越南的华人迅猛增加,据统计到 1951 年时,全越南有华侨 150 万人左右,其中南部地区约有 135.7 万人,北部地区有 9 万人,中部地区有 5.3 万人。这一时期的华人移民大多还是东南沿海的百姓,在老家时就是虔诚的妈祖信众,大部分也是从海路前往越南。定居越南后,在移居地仿制家乡的样式建立起天后宫,供奉妈祖天后及其他家乡神灵,感谢妈祖保佑他们平安渡海来到越南;同时为了祈求妈祖继续保佑他们在异国他乡平安顺利、事业兴旺,因此,随着华人移民数量剧增,妈祖文化在越南也得到更大范围的传播与发展。

(四)现代"一带一路"倡议推动中越妈祖文化传播交流

2013 年习近平总书记提出"一带一路"倡议后,尤其是 2016年国家"十三五"规划提出在推进"一带一路"建设时要发挥妈祖文化等民间文化的积极作用后,湄洲妈祖祖庙响应国家倡议,2017年举办了"妈祖下南洋·重走海丝路"暨中马、中新妈祖文化活动周等,提升了妈祖文化在东南亚地区的影响力,重新推动了中越妈祖文化的传播与交流。2017 年 1 月 12 日,山东青岛市妈祖文化联谊会到越南胡志明市,与海南琼府会馆、福建温陵会馆、穗城会馆天后庙等进行了妈祖文化交流。2018 年 8 月 27 日,越南珠洋天后宫会长赖进兴一行前来湄洲妈祖祖庙恭请分灵妈祖。9 月 2 日,越南国庆日之际,在中国驻越南大使馆的指导与越南侨界、越南福建莆田同乡会、越南福建莆田华人华侨工商联合总会等的支持下,越南妈祖文化董事会成立,莆籍越南华人汤志强担任会长。随后的 9 月 6 日上午,汤志强一行 9 人赴湄洲妈祖祖庙参访进香。12 月 1 日,"妈祖公益心·越南华商情"暨越南妈祖文化董事会第一届理监事会就职典礼活动在越南胡志明市举行,湄洲妈祖祖庙副董事长庄美华应邀率祖庙董事会成员,与来自中国大陆、台湾、澳门,以及新加坡、马来西亚、缅甸、印尼、老挝、柬埔寨、泰国、阿联酋等海内外 90 家妈祖宫庙、文化机构、华人社团等的代表参加当天活动。2019 年 10 月 14 日,越南妈祖文化董事会会长汤志强再次率进香团赴湄洲妈祖祖庙,恭迎分灵妈祖到越南安座。① 2020 年 1 月 18 日,越南妈祖文化董事会副会长郑文玉及董事会成员陪同全球创新联盟主席辛洪军、越南中国侨联海外委员柯尊法、美国越柬寮世界联合总会主席团主席余建强等文化机构代表赴湄洲妈祖祖庙参访进香。② 2020 年 1 月 19 日,越南妈祖文化董事会成立一周年庆典在莆田举行,会长汤志强及董事会成员与中国侨联副主席、福建省侨联主席陈式海,莆田市统战部部长郑春洪,北京市统战部侨务处处长李晓卫,湄洲妈祖祖庙董事长林金赞等领导和

---

① 郑爽:《越南妈祖文化董事会成立》,天下妈祖网,2018 年 12 月 3 日,http://www.mazuworld.com/index.php? m＝content&c＝index&a＝show&catid＝45&id＝10763。

② 周建国:《越南妈祖文化董事会携手各文化机构参访祖庙》,莆田网,2020 年 2 月 5 日,http://www.ptxw.com/news/xw/mzxw/202002/t20200205＿246885.htm.2020-2-5/2020-2-10。

来自 40 多个国家的海外嘉宾出席活动。① 2021 年 10 月 14 日,湄洲岛举行妈祖羽化升天 1034 周年系列纪念活动暨海祭大典,越南妈祖文化董事会会长汤志强出席并发表致辞。② 2023 年 11 月6—8 日,湄洲妈祖祖庙董事会董事长林金赞及参访团在越南妈祖文化董事会汤志强会长陪同下,先后走访了胡志明市的霞漳会馆天后宫、穗城会馆天后宫、二府庙、三山会馆天后宫、温陵会馆天后宫,同奈省头顿市崇正天后圣母宫、五帮天后宫和隆庆市天后宫,深入了解妈祖文化在越南的融合传播情况,促进中越妈祖文化交流与合作。③

此外,2015 年起由莆田学院、中国社科院历史研究所等单位在湄洲岛共同举办的一年一届的国际妈祖文化学术研讨会,来自越南的阮玉诗、张英进、阮俊义、阮福才、段玉钟等多位学者陆续参会,并在大会上交流越南妈祖文化研究成果,推动了中越妈祖文化学术交流。

四、妈祖文化在新加坡:机制与路径

新加坡地处东南亚交通要冲,是南海贸易和货运商旅的必经

---

① 黄今:《越南妈祖文化董事会成立一周年:团结侨胞促中越交流》,中国新闻网,2020 年 1 月 22 日,http://www.fj.chinanews.com/news/fj_zxyc/2020/2020-01-22/459001.html? from＝timeline。

② 林春茵、徐国荣、周建国:《"妈祖故里"湄洲岛举行妈祖羽化升天 1034 周年纪念活动》,中国侨网,2021 年 10 月 15 日,https://baijiahao.baidu.com/s? id＝1713649122144319137&wfr＝spider&for＝pc。

③ 湄洲妈祖祖庙:《妈祖缘　海丝情　湄洲妈祖祖庙董事会董事长林金赞率参访团赴越交流》,湄洲妈祖祖庙微信公众号,2023 年 11 月 9 日,https://mp.weixin.qq.com/s? __biz＝MjM5OTk4ODEzOA。

之地。自宋元之后,随着移民海外者日渐增多,妈祖文化也从中国闽粤地区传入新加坡,发展延续至今。

(一)开埠前妈祖文化伴随着闽粤移民海路迁移传播至新加坡

新加坡地处东南亚交通要冲,在中国史书中被称为"龙牙门"或"淡马锡"。据学者研究,至少在元代时,新加坡就有了中国移民的踪迹。元代的汪大渊在《岛夷志略》中提到"龙牙门"地区"男女兼中国人居之"。高伟浓也认为早在新加坡的开埠先驱莱佛士于1819年登上新加坡之前,这里就已居住有一些种植甘蜜的华侨。[①] 移民背井离乡,历经波涛前往新加坡,前途未卜,为求平安,多会随身携带家乡神祇,以祈护佑,故而妈祖信仰伴随着闽粤移民播撒至新加坡。据蔡桂芳、林纬毅等研究,上述在新加坡种植甘蜜的华侨都是从汕头樟林古港迁徙而来的潮汕人,1738年左右,他们在林洋带领下在"山仔顶"(今新加坡南干拿路,是当时潮籍华侨聚居地)建立了一个妈祖神坛,这个神坛即是今日新加坡著名庙宇粤海清庙的前身。[②] 可见,早在新加坡开埠之前,妈祖信仰就已随着闽粤移民的海上迁移活动而传播至当地,并开始在当地扎根,为日后妈祖文化的传播打下坚实基础。

(二)开埠后妈祖文化随华工漂洋过海进一步移播新加坡

英国人于1819年取得新加坡治理权,首任新加坡总督莱佛士

---

① 高伟浓:《清代华侨在东南亚——跨国迁移、经济开发、社团沿衍与文化传承新探》,广州:暨南大学出版社,2014年,第124~125页。

② 蔡桂芳、林纬毅:《新加坡与丹绒槟榔:潮人的跨境妈祖信仰》,《妈祖文化研究》2017年第4期,第32~33页。

将新加坡开辟为自由港,致力于吸引商船前来贸易,并实施"积极招募华工"政策,使得大批华工前来。据统计,当莱佛士1819年踏上新加坡时,那里只居住着30个华侨;至1821年,当地的华侨人数升到了1150人;到了1834年,华侨人数已超过10000人;1860年英国根据《北京条约》而获得了从中国"合法招募华工"的特权,新加坡的华侨人数激增至5万余人,以大幅度的步伐超越其他族群,成为新加坡人口之大多数,占总人口之61.3%;至1901年,华侨人数又上升到了16万多人。这些大规模涌进来的华工中约40%是福建人,20%是潮州人,20%是广府人。① 闽粤沿海民众的大规模迁入,基本奠定了今天新加坡妈祖文化的规模。

(三)19世纪至20世纪60年代福建帮华商崛起极大推动了妈祖文化在新加坡的传播发展

新加坡妈祖文化的传播发展亦与华商群体的推动有十分紧密的联系。华人华侨内部,因语言、风俗习惯等方面的差异,形成了福建帮(海峡侨生是从马六甲移民南来的漳泉人后裔,故海峡侨生也应纳入福建籍)、潮州帮、广府帮、客家帮、琼州帮等不同帮群,其中以福建帮人口最多。② 福建帮主要从事转口贸易,潮州帮主要种植甘蜜和胡椒,广府帮、客家帮、琼州帮主要分布于手工业、建筑业、农业等行业之中,其中以福建帮的经济力量最强。妈祖信仰在新加坡的崛起就与福建帮紧密相关。以妈祖为主祀神的天福宫即为福建帮领袖陈笃生所倡议创建的。天福宫除祭祀妈祖的基本功能之外,更是当时新加坡华族领袖的总机构,极大推动了妈祖文化

---

① 林远辉、张应龙:《新加坡马来西亚华侨史》,广州:广东高等教育出版社,2016年,第244页。
② 林孝胜:《新加坡华社与华商》,新加坡:新加坡亚洲研究学会,1995年,第29页。

在新加坡的传播发展。这在天福宫所藏的匾额中有着极佳体现。悬挂于天福宫妈祖正殿的"波靖南溟"系出自光绪帝之御笔；另有"泽被功敷"和"显彻幽明"匾分别是19世纪新加坡侨领陈笃生和中国派驻新加坡第一位领事左秉隆所献。[①] 由此可见天福宫及妈祖文化的巨大影响力。

（四）新加坡建国后妈祖文化受生活条件变化和佛教文化竞争等因素影响地位有所下降

1965年新加坡建国后，随着经济逐渐发展，新加坡华人生活状况发生较大改变。最初闽粤沿海移民渡海前来，风波险恶，故有求于妈祖，到达后生活趋于稳定，特别是经历了一代又一代的繁衍生息，移民的后代无须蹈波涉险，故逐渐转向于大伯公、九皇爷、关帝圣君等陆地神明，以海上守护神著称的妈祖信仰便淡出民众视线，或者以镇宅神明的形象出现。时代变迁带来的生活条件变化也影响了妈祖文化在一些行业公会的发展，以炭商宫为例，其是新加坡唯一由行业公会所设立的妈祖宫庙，乃炭商公局所建。之所以将妈祖列为主神祭拜，是因为最初新加坡炭商将炭窑设在印尼，需通过海运进行运输和销售，风险较高，故商人们建立炭商宫祈求妈祖保佑。但由于新加坡经济转型和政策转变，如建立组屋、熟食中心，改变了人们的烹饪、生活方式，煤电取代火炭，使得火炭行业渐趋衰落，从而导致炭商宫从1990年开始取消了演戏酬神等妈祖信俗活动，影响力逐渐下降。[②] 新加坡寸土寸金，许多原本是宫殿式的庙宇建筑物被拆掉而新建高层的新式大厦，以便用于出租获

---

① 许源泰、曾伟：《论妈祖信仰的国际化与地方化——以新加坡妈祖信仰为例》，《妈祖文化研究》2017年第3期，第54页。

② 曾伟：《妈祖文化在新加坡的传播及其在地化研究》，《新闻传播》2019年第1期，第9页。

取经济收益,或者为会员提供更多活动空间。此种改变使得天后宫成为会馆的附属单位,附设于会馆建筑物内,而崇祀妈祖的活动也慢慢只局限于该会会员或操同一方言的同乡之中,影响力持续下降。[①]

此外,佛教信仰特别是观世音信仰在新加坡的传播发展也挤占了妈祖信仰的空间。自 20 世纪初,新加坡就开始受到汉传佛教的影响,其传承来自厦门南普陀寺和泉州开元寺,主要是转道法师和宏船法师予以推动。这些高僧有组织性地通过佛教化的"慈善、教育、文化"三大生命圈推动新加坡佛教的发展,成效巨大,信众很多。新加坡于 20 世纪 80 年代施行宗教教育政策,又给予了佛教律义与世俗教育相融合的机遇,加深了新加坡民众对于佛教的认识,也为佛教融入新加坡社会创造了有利的发展条件。正是在这种背景下,佛教在 20 世纪末成为新加坡华人最主要的宗教信仰,佛教信众的增幅也是最高的。观世音菩萨多以大慈大悲、救苦救难的女性形象出现,其知名度、普及度远高于同为女性形象的妈祖;加之两者之间既有神格高低之分,又有形象、性质交叉重叠之故,且观世音菩萨灵力所涵盖之范围更广,更能适应新时代下新加坡民众的情感诉求,故偏向于道教系统的妈祖的功能在很大程度上已为观世音菩萨所代替。[②]

(五)近年中新民间交流使新加坡妈祖文化影响力有所恢复与回升

近年,随着"一带一路"倡议提出后,妈祖文化成为"海丝"沿线

---

① 苏庆华:《大马半岛与新加坡的妈祖崇祀:过去与现在》,李元瑾编:《新马华人:传统与现代的对话》,新加坡:新加坡南洋理工大学,2002 年,第 430~431 页。

② 许源泰、曾伟:《论妈祖信仰的国际化与地方化——以新加坡妈祖信仰为例》,《妈祖文化研究》2017 年第 3 期,第 55~56 页。

国家和地区交流交往的纽带,中国与新加坡民间的妈祖文化交流
逐渐频繁起来,如:2015 年 11 月 23 日,新加坡汕头社天后庙主席
杨荣基携 50 名信众,赴湄洲妈祖祖庙谒祖进香。① 2016 年 3 月
28 日,新加坡道教总会会长陈添来一行 65 人,前往湄洲妈祖祖庙
参访进香。② 2016 年 10 月 21—25 日,山东省青岛市妈祖文化联
谊会赵起良会长一行应邀参加新加坡"万天大将军开光 天上圣
母祈福"仪式,开启了青岛妈祖文化与新加坡交流的新篇章。③
2017 年 7 月 1—7 日,湄洲妈祖祖庙赴马来西亚、新加坡开展"妈
祖下南洋·重走海丝路"暨中马、中新妈祖文化交流活动,湄洲妈
祖在新加坡陆续巡游多家妈祖宫庙机构,最后驻跸在新加坡福建
会馆天福宫,所到之处,当地组织舞龙舞狮队、锣鼓队与湄洲妈祖
一起巡游。④ 2017 年 9 月 23 日,莆田贤良港天后祖祠董事会与莆
田文峰天后宫管委会应新加坡韭菜芭城隍庙及各地妈祖宫庙之邀
请,进行为时一周的妈祖文化交流活动。⑤ 2018 年 5 月 7 日,新加
坡正华村金福宫主席吴亚才一行 60 人,首次回湄洲妈祖祖庙开展
为期 5 天 4 夜的谒祖进香之旅。⑥ 2018 年 7 月 6—17 日,福建省
莆仙戏剧院创作的新编传奇剧莆仙戏《海神妈祖》剧组赴新加坡、

① 林群华、叶萍、朱丽花:《新加坡汕头社天后庙赴湄洲妈祖祖庙谒祖进香》,
人民日报海外网,2015 年 11 月 23 日,http://m.haiwainet.cn/middle/232657/2015/
1123/content_29383753_1.html? from=toutiao。
② 林群华、徐国荣:《新加坡道教总会前往湄洲妈祖祖庙参访交流》,道教之音
网,2016 年 3 月 29 日,http://www.daoisms.org/article/sort028/info-22190.html。
③ 王奕:《青岛市妈祖文化联谊会赴新加坡参加祈福仪式》,道教之音网,2016
年 10 月 31 日,http://www.daoisms.org/article/sort028/info-26179.html。
④ 陈荣富:《湄洲妈祖赴马来西亚、新加坡巡安暨开展妈祖文化交流活动》,东
南网,2017 年 7 月 10 日,http://pt.fjsen.com/xw/2017-07/10/content_19774061.htm。
⑤ 林仙久:《莆田贤良港、文峰宫妈祖应邀赴狮城文化交流》,新浪网,2017 年
9 月 29 日,http://blog.sina.com.cn/s/blog_694b3a240102x47l.html。
⑥ 林群华:《新加坡金福宫首次赴福建湄洲祖庙进香》,中新网,2018 年 5 月 11
日,https://baijiahao.baidu.com/s? id=1600131460538448597&wfr=spider&for=pc。

马来西亚开展文化交流巡演活动。① 2018 年 11 月,霞浦县松山天后行宫的妈祖金身到新加坡巡安 5 天,并与天福宫、兴安会馆天后宫、福州会馆天后宫等宫庙开展联谊交流。② 2018 年 9 月 11—18日,莆田学院校长宋建晓一行 3 人赴新加坡考察调研妈祖文化、莆仙文化在海外的传承发展,考察期间,先后与新加坡的兴安会馆、莆中高平公会、莆田会馆、兴安天后宫、琼州会馆天后宫、天福宫等的负责人进行深入交流。③ 2019 年 3 月 10 日,新加坡万天府与宜兰鹿安宫、台北松山奉天宫的妈祖信众联合来到湄洲谒祖进香。④2019 年 3 月 13 日,新加坡万天府与福建省妈祖文化促进会、厦门市两岸妈祖文化交流协会负责人联合赴漳州乌石天后宫会香交流。新加坡万天府自 2004 年以来,每年都来乌石天后宫参香,彼此宫谊深厚。⑤ 2023 年 11 月 8—10 日,湄洲妈祖祖庙董事会董事长林金赞率团开启"妈祖缘・海丝情"新加坡妈祖文化交流活动之旅,先后走访了新加坡九龙堂林氏大宗祠、福建会馆天福宫、莆田大厦三团体(莆田会馆、兴安天后宫、荔城俱乐部)、琼州天后宫、星洲金榜山亭天后宫,希望通过此次交流促进中国和新加坡等"海

---

① 东南网:《莆仙戏〈海神妈祖〉将赴东南亚开展文化交流巡演活动》,台海网,2018 年 7 月 6 日,https://www.sohu.com/a/239641214_411853。

② 《福建霞浦妈祖金身赴新加坡巡安》,中国侨网,2018 年 11 月 6 日,http://www.chinaqw.com/qx/2018/11-06/207459.shtml。

③ 陈祖芬:《莆田学院领导率团赴新加坡、马来西亚考察交流》,搜狐网,2018 年 9 月 23 日,https://www.sohu.com/a/255710944_751009。

④ 林群华、黄美珍、叶秋云:《湄洲妈祖巡安掀起"妈祖热"　海内外信众齐来拜谒》,中国新闻网,2019 年 3 月 12 日,http://www.myzaker.com/article/5c87403a77ac643f2e390915。

⑤ 《新加坡万天府连续十六年赴乌石天后宫会香》,海洋财富网,2019 年 3 月 20 日,http://www.hycfw.com/Article/221531。

丝"沿线各国和地区的民间文化互动。① 2023 年 11 月 28 日,湄洲岛党工委书记吴海端等人走访新加坡兴安天后宫、琼州天后宫,拜会林子英、符永平等妈祖社团负责人,开展妈祖文化联谊。② 2024年 4 月 20 日,新加坡兴安天后宫主席林子英率 90 余名妈祖信众赴湄洲妈祖祖庙进香,并分灵妈祖。③ 2024 年 4 月 22 日,新加坡兴安天后宫组团到莆田学院新校区考察交流,副校长蔡晃接待了来宾一行,双方就开展妈祖文化研究合作进行了深入交流。④

中新这些频繁的妈祖文化民间交流使新加坡众多妈祖宫庙的信俗活动重新活跃起来,并唤起一些信众的历史记忆,重新参与妈祖信俗活动,妈祖文化在新加坡的影响力有所恢复与回升。

五、妈祖文化在马来西亚:机制与路径

马来西亚是妈祖文化在东南亚地区传播的典型国家之一。马来西亚华人为了更好地传播妈祖文化,在所在地区广建妈祖宫庙。

---

① 湄洲妈祖祖庙:《湄洲妈祖祖庙董事会董事长林金赞率参访团赴新交流》,湄洲妈祖祖庙微信公众号,2023 年 11 月 12 日,http://mp.weixin.qq.com/s?＿＿biz＝MjM5OTk4ODEzOA==＝&mid＝2650102356&idx＝2&sn＝63820458cedae5152897ce7f259888cb&scene＝0。

② 湄洲发布:《湄洲岛党工委书记吴海端率团赴新加坡开展经贸文化交流活动》,湄洲岛管委会网站,2023 年 11 月 30 日,http://mzd.putian.gov.cn/xxgk/xwzx/gzdt/202312/t20231204_1885394.htm。

③ 叶秋云、周建国:《湄洲妈祖分灵新加坡兴安天后宫》,中国新闻网,2024 年4 月 20 日,http://mp.weixin.qq.com/s?＿＿biz＝MzI5MjIxNDIyMw==＝&mid＝2650186960&idx＝3&sn＝d8abbb1eefb58f21351d5bc42ddad995&scene＝0。

④ 叶莹娜:《新加坡兴安天后宫团组来我校参访》,莆田学院网,2024 年 4 月22 日,http://news.ptu.edu.cn/info/1091/483141.htm。

（一）宋元明时期妈祖文化随海上丝绸之路在马来西亚初步传播发展

马来西亚是《汉书·地理志》中的"赤土国""丹丹国"，书中记载当时已有中国人与该国交往。进入唐代，也有少量唐人南下前往马来半岛一带进行商业活动。到宋元时期，随着中国造船和航海技术的发展，以及海神妈祖护佑航海人的神迹故事不断传播，人们出海远航的能力和信心不断提高，中国派往海外的使者和前往海外贸易的商人逐渐增多。据《宋史》记载，从 960 年到 988 年的 20 多年间，当时马来半岛上的室利佛逝国曾 8 次派遣使者通过海路来到中国，与中国朝廷有密切的交往。到 1400 年，马来半岛上新的王国马六甲王国立国后到 1511 年马六甲被葡萄牙殖民者占领的 100 多年间也十分重视发展与中国的关系，一直保持着同明朝的密切交往。据《明史》记载，马六甲遣使来中国共达 22 次，明朝也不断派遣使者到马六甲王国。其中郑和七下西洋期间，曾 5 次到达马六甲王国；除郑和外，明王朝还另遣使马六甲王国达 9 次之多。[①] 这些使者互访，都会带有商船随后开展贸易。中国使臣和商人在海上经常会遇到恶劣天气和海盗，为了祈求平安，他们会随船供奉海神妈祖的神像。到了目的地后，他们将妈祖神像请下船，在码头建临时神龛供奉，有的临时神龛就慢慢扩建成正式庙宇。于是，妈祖文化就这样在马来西亚初步传播发展。

（二）清代妈祖文化随华工在马来西亚迅速传播发展

1511 年葡萄牙殖民者占领了马六甲，1641 年荷兰殖民者取代

---

① 朱振明：《中国与马来西亚关系史概述》，《东南亚》1994 年第 4 期，第 41～47 页。

葡萄牙,1786 年英国殖民者强占槟榔屿,经过 120 年的扩张,英国把整个马来亚和北婆罗洲变成了它的殖民地。从 19 世纪起,英国殖民者从中国广东、福建沿海一带拐骗了大量的"契约华工"到马来亚开矿、开荒、种橡胶。他们到马来亚后,成为开发马来亚的主力。在华工辛勤劳动的基础上,一批大大小小的城市发展起来,例如霹雳的怡保、太平、安顺,雪兰莪的巴生,森美兰的芙蓉,柔佛的新山,砂拉越的诗巫,沙巴的山打根,以及马来西亚的首都吉隆坡等。① 同时他们也建设了许多妈祖宫庙,从家乡带来的妈祖信仰在马来西亚落地生根并逐渐发展起来。

马来西亚现存历史最悠久的妈祖宫庙是马六甲青云亭,1673 年,由马六甲首任华人甲必丹郑芳扬带头倡建。郑芳扬为漳州籍华侨商人,故青云亭也成为福建同乡聚会、祭祀的场所。② 有关青云亭名字的由来,嘉庆六年(1801)《重修青云亭碑记》云"吾想夫通货积财,应自始有,而臻富有莫大之崇高,有凌霄直上之势,如青云之得路焉,获利故无慊于得名也,故额斯亭曰青云亭",盖取平步青云之意。该亭中主殿中央设有观音菩萨,妈祖在左,关帝在右,从此举可以看出妈祖在当时人们心目中的地位。这些神像受到当地华侨华人的广泛敬仰与崇拜,每逢神诞日,人们都会举行盛大的庆典和隆重的仪式进行祭祀。历史上,青云亭经历了 6 次重修和 3 次扩建,长年香火鼎盛,是当地华人思念故乡、祈求平安的精神寄托之所。此后,或主祭或配祀妈祖的宫庙便陆续出现。

传说在 1727 年,福建漳州六甲乡人林伯显乘船南渡,被飓风吹至吉兰丹万捷海岸,他携带随身的妈祖神像登岸,在大港顶古舍

---

① 朱振明:《中国与马来西亚关系史概述》,《东南亚》1994 年第 4 期,第 41~47 页。

② 李天锡:《马来西亚华侨华人妈祖信仰窥探》,《八桂侨刊》2009 年第 1 期,第 65 页。

附近村落垦荒种粮,并定居下来。之后,他就在革地牙附近的刺仔脚督公村建成一座小庙,供奉妈祖。林伯显逝世后,附近华侨把小庙扩建为圣春宫,称为"大妈庙"。后来,唐人坡地区的华人因到大妈庙祭祀不便,就在唐人坡当地建造镇兴宫,依圣春宫妈祖神像另塑金身奉祀。[1]

1795 年,华侨蔡士章在马六甲建宝山亭,"此庙告成之后,华侨念蔡氏之功劳,立一禄位于亭之右。今该亭所祀之神,右为蔡士章,中为三宝公,左为天上圣母"[2]。1800 年,粤籍人士与闽籍民众联合兴建广福宫(又名观音亭),主祀观音,配祀天后圣母、大伯公、注生娘娘、关圣帝君与金花夫人等。1801 年,福建华侨在马六甲创建福建会馆,专设天福宫供奉妈祖。

19 世纪中叶,槟城华侨在义兴街建造天后宫;1895 年,义兴街庙址被出售,另择新址建造琼州馆,保存至今。事实上天后宫与琼州馆是合二为一的,《琼州馆迁建碑记》云:"尝思圣母之德,上护国家,下扶士庶,五湖共沐鸿恩,四海咸沾骏泽,其功至大者,莫若此也。……故此爰众公论,择地重建,即兹造庙崇祀,立像报恩……"[3]1911 年重修琼州会馆,《重建捐缘碑》载:"不佞周衡山邀建琼州会馆于槟城,崇奉天后元君,并祀水尾圣娘、昭应祠兄弟公,皆海国灵神,至今弥加显赫。"[4]太平洋战争爆发前,该宫香火非常兴旺,天后诞辰的盛况,与庆祝观音诞辰、九皇爷诞辰比较起

---

①　宋元模:《天后宫在马来西亚各地》,朱天顺:《妈祖研究论文集》,厦门:鹭江出版社,1989 年,第 182～183 页。

②　韩槐准:《天后圣母与华侨南进》,《南洋学报》1941 年第 2 期,第 71 页。

③　傅吾康、陈铁凡:《马来西亚华文铭刻萃编》,吉隆坡:马来亚大学出版部,1982 年,第 775 页。

④　傅吾康、陈铁凡:《马来西亚华文铭刻萃编》,吉隆坡:马来亚大学出版部,1982 年,第 787 页。

来毫不逊色。①

砂捞越古晋市区亚答街旧天后庙已有 100 多年历史,因年久失修于 1987 年 5 月拆除,7 月该州副首席部长丹斯里拿督沈庆鸿为新庙主持奠基,1990 年举行落成揭幕仪式。位于砂拉越河口摩拉德(后改称"青山")半山腰的青山岩同样有 100 多年历史,正殿供奉妈祖与千里眼、顺风耳,当地信众多次进行重修。②

此外,柔佛、彭亨、登嘉楼各地也建有天后宫。虽然雪兰莪开发较迟,但该地妈祖的香火也非常兴旺。西马各地华人渔村也大都建有妈祖庙,香火历久不衰。③

(三)二战后随局势稳定和经济发展马来西亚妈祖文化得以较快恢复并继续传播发展

二战结束以来,随着政治局势的稳定、经济的发展,加之原有宫庙因战争破坏、年久失修等而多有毁损,故妈祖信众又开始集资修葺或重建妈祖宫庙,推动了妈祖文化的进一步发展。

柔佛州麻坡琼崖会馆建造于 1962 年。据李亦园教授实地调查研究,"原有之琼崖会馆系就旧有之妈祖宫借用,现新建之大楼底层正厅,仍奉妈祖,并且香火旺盛,为所有会馆之冠"④。

1971 年,福建兴化人在马六甲创建兴安会馆天后宫,供奉妈祖。"在新、马二国,哪里有兴安会馆,哪里有福建莆仙人聚会的地

---

① 林水檺、骆静山:《马来西亚华人史》,吉隆坡:马来西亚留台校友会联合总会,1984 年,第 416 页。

② 刘伯奎:《砂捞越河畔的华人神庙》,古晋:砂捞越华人文化协会,1993 年,第 136 页。

③ 林水檺、骆静山:《马来西亚华人史》,吉隆坡:马来西亚留台校友会联合总会,1984 年,第 415 页。

④ 李亦园:《一个移殖的市镇——马来亚华人市镇生活的调查研究》,台北:"中研院"民族学研究所,1970 年,第 101 页。

方,哪里就有天后宫。马来西亚兴安会馆总会属下的 27 个兴安会馆,个个会馆的最高一层总有一个富丽堂皇的天后宫,毕恭毕敬地供奉着天上圣母。"①

1973 年,丹斯里拿督黄文彬捐资在新尧湾水月宫旁边建造义文宫,主祀福德正神,陪祀三山国王和天后圣母。1974 年,砂拉越河沿边的民达华渔村民众联合沙巴等地信众耗资 5 万元建造鳌东宫,供奉玄天上帝、天上圣母、玄坛元帅等 8 尊神像。1984 年,该村又新建天后宫,大殿正堂是"天上圣母"神龛,左是"柳圣侯"神龛,右是"金圣侯"神龛。②

1981 年,琼州籍华侨华人开始在吉隆坡惹兰赛卜都路建造天后宫,耗资 700 多万马币,历时 5 年,至 1985 年竣工。该宫占地面积 10 亩,由很多宫殿组成。这座天后宫宏伟的规模、壮丽的建筑居全马之冠。③

沙巴山打根海南会馆前身为琼州会馆,始建于 1902 年,先后于 1947 年、1958 年修葺。1987 年迁往远景花园 A 座三、四楼各两个相连单位,三楼为会馆,四楼为天后宫。1989 年举行了新宫馆的开光仪式。④

---

①　宋元模:《天后宫在马来西亚各地》,朱天顺:《妈祖研究论文集》,厦门:鹭江出版社,1989 年,第 185 页。

②　刘伯奎:《砂捞越河畔的华人神庙》,古晋:砂捞越华人文化协会,1993 年,第 136 页。

③　宋元模:《天后宫在马来西亚各地》,朱天顺:《妈祖研究论文集》,厦门:鹭江出版社,1989 年,第 184 页。

④　周南京编:《华侨华人百科全书·社团政党卷》,北京:中国华侨出版社,1999 年,第 444 页。

（四）近年随中马交流日益活跃马来西亚妈祖文化得到进一步传播发展

近年来，随着中马两国间的经贸往来愈加频繁，特别是"一带一路"倡议提出后，两国妈祖文化交流日益活跃，马来西亚妈祖文化得到进一步传播发展。2002 年，马来西亚最大的天后宫雪隆海南会馆天后宫与湄洲妈祖祖庙结成姐妹庙，并从湄洲引入蕴藏中华传统民俗色彩的祭奉文化。① 2014 年 4 月，马来西亚 160 余名信众前往湄洲妈祖祖庙谒祖进香。② 2015 年 11 月，马六甲兴安会馆暨兴安天后宫恳亲团一行 70 人，在拿督斯里吴金华率领下赴湄洲妈祖祖庙进香并参观交流。③ 在马来西亚妈祖宫庙来中国谒祖进香的同时，我们的妈祖文化也积极走出去，扩大影响。2017 年 7 月 2 日，莆田市政府在吉隆坡天后宫举办"妈祖下南洋·重走海丝路"暨中国—马来西亚妈祖文化交流会，吸引近千名当地信众参与。④

除却妈祖宫庙的建设，妈祖宝诞、海陆巡幸等民俗活动亦是传播妈祖文化的良好载体。近年来，雪隆海南会馆天后宫每年都会举行妈祖宝诞庆祝活动。如 2007 年，为庆祝妈祖 1047 千秋宝诞，举行致祭大典，吸引了马来西亚国内各族信众，各族共同祈福，成

---

① 张逢博：《马来西亚琼籍华人的妈祖信仰》，《文化学刊》2017 年第 3 期，第 187 页。

② 王榕春：《百余马来西亚信众赴"妈祖故里"湄洲岛谒祖进香》，海外网，2014 年 4 月 26 日，http://huaren.haiwainet.cn/n/2014/0426/c232657-20575758.html。

③ 林群华：《马来西亚恳亲团赴"妈祖故里"进香朝圣》，人民日报海外版，2015 年 11 月 12 日，http://m.haiwainet.cn/middle/232657/2015/1112/content_29350388_1.html。

④ 刘彤等：《中国—马来西亚妈祖文化交流会在吉隆坡举行》，新华网，2017 年 7 月 2 日，http://www.xinhuanet.com/world/2017-07/02/c_1121249589.htm。

为一段佳话。2016 年,为庆祝妈祖 1056 千秋宝诞,于 4 月 23 日、24 日举行妈祖海陆巡幸。这次海巡包括 3 艘大渔船、7 艘客船、64 艘鼓队渔船、4 艘媒体船、1 艘拍摄船和 2 艘救护船,共计 81 艘船只。64 艘鼓队渔船按八佾规格排列,共 8 排,每排 8 艘。海巡过后,又举办了规模盛大的庙会活动。① 2024 年 10 月 4 日,雪隆海南会馆天后宫会长符和泽率团赴湄洲妈祖祖庙谒祖进香。雪隆海南会馆天后宫有百年历史,自 2002 年从湄洲妈祖祖庙再次分灵妈祖之后,每隔 3 年都会组织进香团恭请分灵妈祖回湄洲岛谒祖。② 2014 年九月初九日,马六甲兴安会馆举办了第一届妈祖文化节,通过讲述妈祖故事、文艺表演、踩街等活动向马来西亚的"莆二代""莆三代"宣传来自家乡的文化,传播妈祖文化。③ 2023 年 12 月 10 日,马来西亚福建社团联合会与马来西亚林氏宗亲总会越野车队一行抵达湄洲岛谒祖,并参观湄洲妈祖祖庙景区。④ 2024 年 3 月 20 日,马来西亚柔佛州新山林氏宗亲会会长林福才和哥打丁宜林氏宗亲会会长林亚历、新加坡长林公会会长林幸贤等联合率团

---

① 张逢博:《马来西亚琼籍华人的妈祖信仰》,《文化学刊》2017 年第 3 期,第 187 页。

② 湄洲妈祖祖庙:《马来西亚雪隆海南会馆(天后宫)赴湄洲妈祖祖庙谒祖进香》,湄洲妈祖祖庙微信公众号,2024 年 10 月 4 日,https://mp.weixin.qq.com/s?__biz=MjM5OTk4ODEzOA==&mid=2650132186&idx=1&sn=d4a9257b0fd8e7dd781a50b513c5642d&chksm=be8beb97c0c7e8dc85a43f1c5385db7e0239ab081d55076d76f56877f06222c1a2e74a7d598f&scene=27。

③ 林群华、陈丹妮:《大马恳亲团妈祖故里省亲进香:妈祖是华人骄傲》,中国新闻网,2015 年 11 月 12 日,https://www.chinanews.com.cn/hr/2015/11-12/7620387.shtml。

④ 叶秋云、周建国:《马来西亚信众驱车 7000 多公里　赴"妈祖故里"谒祖进香》,中国新闻网,2023 年 12 月 10 日,https://baijiahao.baidu.com/s?id=1784900593935411836&wfr=spider&for=pc。

组织 60 人进香团恭请分灵妈祖赴湄洲岛谒祖。① 2024 年 11 月 25 日,马来西亚吉隆坡大悲林组织进香团赴湄洲妈祖祖庙谒祖。②

此外,2023 年 11 月 24—26 日,湄洲岛党工委书记吴海端继续率团赴马来西亚开展交流活动,先后走访马来西亚兴安会馆、雪隆海南会馆天后宫、郑和研究院等机构,会见马来西亚林氏宗亲总会拿都林钦荣、妈祖文化研究热心人士丁才荣博士、雪隆海南会馆会长符和泽等,与旅居海外的乡贤侨胞共叙妈祖情谊、共谋合作契机、共商发展大计。③

六、妈祖文化在印尼:机制与路径

随着沿海民众的迁徙,妈祖文化在印尼得以发展壮大,成为华人华侨的精神寄托。总体来看,妈祖文化在印尼的传播发展经历了四个阶段,各时期有着不同的传播机制与路径。

---

① 湄洲妈祖祖庙:《马来西亚柔佛州新山林氏宗亲会、新加坡长林公会、马来西亚柔佛州哥打丁宜林氏宗亲会赴湄洲妈祖祖庙谒祖进香》,湄洲妈祖祖庙微信公众号,2018 年 3 月 20 日,https://mp.weixin.qq.com/s?__biz＝MjM5OTk4ODEzOA＝＝&mid＝2650109956&idx＝3&sn＝69d80397566853fd25a8b3deb8211532&chksm＝bf32c6c188454fd778229caed7a7687aecd1e3b6b1b432b92d04d43c09f76d6c6a6c35e418e9&scene＝27。

② 湄洲妈祖祖庙:《马来西亚吉隆坡大悲林赴湄洲妈祖祖庙谒祖进香》,湄洲妈祖祖庙微信公众号,2024 年 11 月 25 日,https://mp.weixin.qq.com/s?__biz＝MjM5OTk4ODEzOA＝＝&mid＝2650140071&idx＝4&sn＝0be484b681368bb8628873764eca3fe4&chksm＝bebae1c2aa117718c2962889f8df426cfeb93c4e3ac00f113972479c3e42c498f9ad5cf383eb&scene＝27。

③ 湄洲发布:《湄洲岛党工委书记吴海端率团赴马来西亚开展经贸交流活动》,湄洲岛管委会网站,2023 年 11 月 27 日,https://mzd.putian.gov.cn/xxgk/xwzx/gzdt/202312/t20231204_1885385.htm。

（一）宋元明时期移民、海洋贸易与郑和下西洋将妈祖文化传播至印尼

宋代，随着航海技术的进步与朝廷对海上贸易的重视，我国同印尼之间的民间贸易迅速发展，以至于在印尼当地出现了"土生唐人"①。许多民众前往印尼经商、耕种而定居下来，并同当地的土著妇女结婚生子。久而久之，华侨同土著居民杂居的现象越来越普遍，使得二者间的风俗习惯和宗教信仰产生了融合。如三佛齐的属领佛罗安地区，华侨和土著居民都习惯于农历六月十五日祭拜该地的海港守护佛飞来佛，亦即观音菩萨。② 元代，双方的民间贸易有增无减，爪哇岛上出现大量的华侨聚居点就是明证。明朝初年，由于政府实施海禁政策，除朝贡贸易外所有的民间贸易都遭禁止，中国的对外交流受到了不小冲击，但明成祖时的郑和下西洋则客观上推动了中国民间商人的海外贸易、移民及出洋谋生等活动。"（1433 年以后）将近整个世纪，旅行和商业的限制并没有严厉加以执行。事实上，常常是全然不闻不问。私人的贸易，有时为富有的官僚家族所主办和资助，成为获得南洋产物的主要手段。"③到了隆庆元年（1567），明朝重新开放海禁，准许民间进行海外贸易，故而大批民众又渡海而来。

正是由于中国移民及其对妈祖的信仰，妈祖文化开始在印尼境内得到初步传播和发展。

---

① 洪源善：《当代泰国与印尼华人社会比较研究》，中国社会科学院研究生院博士学位论文，2003 年，第 23 页。

② 李长傅：《中国殖民史》，长沙：商务印书馆，1937 年，第 48 页。

③ 王赓武：《南洋华人简史》，台北：水牛出版社，1969 年，第 34～35 页。

（二）清代以来妈祖文化在印尼传播发展

妈祖宫庙在印尼的建立在清代迎来了高峰。据李卓辉《金德院与印华文化史》记载，建于 1650 年的雅加达金德院是印尼境内最早供奉妈祖的庙宇。[①] 之后，众多妈祖宫庙就得以创建、重修。表 3-4 中所列举的重要妈祖宫庙，创建年代明确者都是在清朝，很好地体现了此一时期妈祖文化在印尼良好的发展态势。还有大批宫庙也在不断地翻修重建，表现出强大的生命力。杜板的慈灵宫创建于清代，具体年份未知，但在 1850 年进行过大规模重修。雅加达天后宫创建于 1751 年，后历经 1858 年、1864 年、1904 年、1952 年、1957 年的多次修缮。爪哇岛的惠荣宫于 1887 年迁址扩建，直至 1898 年方才竣工，耗资颇巨。

清代以来，妈祖文化在印尼得以迅速发展与当时国内外历史情势密切相关。康乾盛世以来，国内人口激增，闽粤地区因多山地，人地矛盾更加突出。人多地少的压力迫使闽粤沿海民众不得不冒险下南洋，寻求谋生之道，而印尼则正好处于海上丝绸之路的必经之处，是移民移入的便捷之所。如《郑和航海图》中详细记载了从广东出发途经印尼民丹岛前往马六甲海峡的针路。"丁未针十五更船取白礁。北及南鞍并罗汉屿。白礁在帆铺边过船。用单酉针五更船取龙牙门。夜不可行船，防南边有牛屎礁。过门平长腰屿（注：现民丹岛），防南边沙浅及凉伞礁。辛戌针三更船取吉里闷山……沿山使取磨六甲妙。"[②] 与此同时，由于荷兰殖民者同印尼土著居民存在着冲突，为了更有效地开发印尼，荷兰殖民者便积极吸收高素质的中国劳动力前往，甚至早在 17 世纪时荷属东印度

---

① 陈名实：《印度尼西亚、新加坡、泰国妈祖庙考略》，《妈祖学刊》2014 年第 2 期，第 109 页。

② 向达整理：《郑和航海图》，北京：中华书局，1961 年，第 55～56 页。

公司就开始在中国沿海劫掠人口去印尼充当奴隶。① 鸦片战争后,荷兰殖民者更是大肆拐骗、绑架、掳掠、买卖华工前往印尼充当苦力、劳工,从而大大增加了印尼的华侨人数。据《荷印地理及统计词典》,1856 年的巴达维亚华侨人数为 40806 人,全爪哇华侨人数多达 135749 人。正是庞大的华侨群体造就了清代以来印尼妈祖宫庙数量的节节攀升。

(三)"新秩序"时期妈祖文化在印尼传播受挫

印尼自 1945 年 8 月独立至 1998 年苏哈托下台,50 余年时间里经历了两个不同的发展阶段,即苏加诺的"旧秩序"时期和苏哈托的"新秩序"时期,二者以 1965 年的"9·30"事件为分界点。"新秩序"时期,苏哈托政权对中华文化、华人华侨持敌视态度,极力打压华人华侨的宗教信仰。1967 年颁布第 14 号总统令,认为"华族宗教、信仰和习俗起源于祖籍地,能影响其心理、思想和道德,从而阻挠人民的正常发展",故而规定"华族只应在家庭或私人范围内进行祭祀仪式,不得在公共场所进行引人瞩目的华人宗教及风俗习惯的节日活动,有关祭祀仪式及风俗习惯礼仪的规定,宗教部部长要听从最高检察官的意见"。② 1978 年印尼内政部出台文件,规定孔教不再属于国家认可的宗教,华人华侨只能在伊斯兰教、印度教、基督教、天主教和佛教中选取信仰。1988 年内政部颁布 9 条规定,禁止中华文化的天地人三才的信仰以及圣人、历史人物和神仙的崇拜;禁止与中华传统有关的装饰、灯笼和狮、龙、凤、麒麟、虎、八卦等图案以及中国哲学、对联、书法等;原有庙宇除了轻微保

---

① 吴凤斌编:《东南亚华侨通史》,福州:福建人民出版社,1993 年,第 282～283 页。

② 周南京编:《华侨华人百科全书·法律条例政策卷》,北京:中国华侨出版社,2000 年,第 529 页。

养外不得进行维护工程,不得装饰庙宇,不得在庙宇空地上进行任何建设,不得建造新庙宇。① 1993 年,宗教部再出新规,禁止佛教寺庙举行欢庆除夕的活动。②

在此背景下,华人华侨的妈祖文化大受摧残,妈祖庆典祭祀活动被勒令停止,相关宫庙惨遭封闭或者转为他用,使得妈祖香火渐趋没落。如东爪哇的惠荣宫在 1965 年遭苏哈托政府封禁而渐趋凋零,直至 1984 年才逐渐修复,为求生存还不得不将庙宇周围建成中国式的古典园林。③

"新秩序"时期结束后,印尼迎来民主时代,针对华人华侨的歧视政策被逐渐取消。2000 年 1 月颁布第 6 号总统令,撤销了 1967 年的第 14 号总统令。2005 年宗教部成立佛教社团辅导司,华人的宗教活动、传统文化活动自此得以开展,妈祖宫庙注册、认证与重建、扩建等相关工作开始推进。总之,随着"新秩序"时期的终结,妈祖文化又得以兴盛。

(四)现代"一带一路"倡议下妈祖文化在印尼逐步恢复传播与交流

印尼既是古代海上丝绸之路的重要枢纽,更是"21 世纪海上丝绸之路"的首倡之地。在"一带一路"倡议提出之前,中国和印尼间的妈祖文化交流就已经热络了起来。2011 年 3 月 24 日,印尼惹班福善宫一行 68 人恭捧妈祖神像到湄洲岛谒祖进香。2012 年

---

① 林纬毅:《华人宗教传统的历史演变与文化适应——以印尼廖内省民丹岛为例》,张禹东、庄国土:《华侨华人文献学刊(第四辑)》,北京:社会科学文献出版社,2017 年,第 90 页。

② 许婷婷:《后苏哈托时期印尼华族宗教信仰的复兴与影响:以民丹岛华人庙宇为例》,厦门大学硕士学位论文,2018 年,第 43 页。

③ 陈名实:《印度尼西亚、新加坡、泰国妈祖庙考略》,《妈祖学刊》2014 年第 2 期,第 109 页。

4月13日,印尼爪哇妈祖庙——慈安宫举办天上圣母妈祖出游巡安活动,60间庙堂参加。① "一带一路"倡议提出之后,两地妈祖文化的交流更是盛况空前。2015年3月24日,惹班福善宫的妈祖信众一行44人在何可芳主席率领下,再次恭捧该宫妈祖神像回湄洲妈祖祖庙谒祖进香。② 两日后,印尼福隆宫亦前来湄洲妈祖祖庙谒祖进香。③ 2016年4月1日,苏南省3家妈祖宫庙的信众25人来湄洲妈祖祖庙进香,并表示苏南省的华人会邀请周边各地的华人和妈祖信众,通过举行妈祖绕境和妈祖海巡这样的活动,扩大华人间的交流,加深友谊。④ 2018年4月20日,印尼华侨陈新强等人率团赴湄洲妈祖祖庙恭请妈祖分灵至东爪哇妈祖庙。⑤ 2018年6月24日,参加由福建省莆田市侨联主办的"2018亲情中华"夏令营的48名印尼华裔青少年赴湄洲岛参观湄洲妈祖祖庙、妈祖文化影视园·平安里和妈祖源流博物馆,感受妈祖文化。参观期间,恰逢来自潮汕地区"妈祖回娘家"信俗活动在湄洲妈祖祖庙举办,营员们观看了精彩的表演,为妈祖信俗深厚底蕴和独特的文化魅力所震撼。⑥ 2023年8月18日,印尼巴淡岛海神妈祖庙理

---

① 潘真进:《妈祖信仰在印尼》,湄洲妈祖祖庙旅游网,2015年4月4日,http://www.mzmz.org.cn/txmzzmz/323.jhtml。

② 林群华:《印尼惹班福善宫妈祖信众赴妈祖故里湄洲谒祖进香》,湄洲妈祖祖庙旅游网,2015年3月24日,http://www.mzmz.org.cn/xwkx/291.jhtml。

③ 潘真进:《妈祖信仰在印尼》,湄洲妈祖祖庙旅游网,2015年4月4日,http://www.mzmz.org.cn/txmzzmz/323.jhtml。

④ 林群华:《印尼苏南省妈祖信众赴福建湄洲岛进香》,中国新闻网,2016年4月1日,https://www.chinanews.com/hr/2016-04-01/7821063.shtml。

⑤ 《湄洲妈祖分灵印度尼西亚东爪哇妈祖庙》,腾讯视频,2018年4月22日,https://v.qq.com/x/page/f0635psvqny.html。

⑥ 李雪英:《印尼华裔青少年赴福建湄洲岛探寻妈祖文化》,中国侨网,2018年6月27日,https://www.chinaqw.com/m/qx/2018/06-27/194234.shtml。

事陈春华等19人前往湄洲妈祖祖庙参访进香,学习妈祖文化。①2023年10月16日,印尼雅加达天后宫负责人陈金娘、陈月娘一行恭请分灵妈祖回湄洲妈祖祖庙谒祖进香,同时希望学习更多妈祖文化知识,更好地传承和弘扬妈祖文化。②2024年4月19日,印尼泗水惹班福善宫吴志深率60多人恭请分灵妈祖来到湄洲妈祖祖庙寻根谒祖。③2024年4月24日,湄洲妈祖分灵印尼雅加达兴安会馆仪式在湄洲妈祖祖庙举行,雅加达兴安会馆希望以此次分灵为契机,进一步提升妈祖文化在印尼的影响力。④2025年2月23—25日,湄洲妈祖祖庙董事会董事长林金赞率队前往印尼访问,参访了雅加达兴安会馆、雅加达天后宫、巴淡岛天后宫等,与当地妈祖信众、社团组织代表等就密切联谊联络、促进民间合作、深化文明互鉴等深入交流。⑤

在"一带一路"倡议背景下,印尼妈祖信众频繁前来湄洲妈祖祖庙谒祖进香,强有力地推动了妈祖文化在当地的传播和发展。

---

① 李霞、周建国:《推动妈祖文化在印尼传播》,湄洲日报网,2023年8月24日,https://szb.ptxw.com/h5/html5/2023-08/24/content_141591_16458263.htm。
② 周建国:《印尼雅加达天后宫代表赴"妈祖故里"谒祖进香》,中国新闻网,2023年10月16日,https://www.toutiao.com/article/7290561672459780619/?upstream_biz＝doubao＆source＝m_redirect。
③ 周建国:《加强交流联谊 增进文化认同 印尼泗水惹班福善宫赴湄洲妈祖祖庙谒祖》,莆田市人民政府网,2024年4月19日,https://www.putian.gov.cn/zwgk/ptdt/ptyw/202404/t20240423_1915123.htm。
④ 叶秋云、周建国:《湄洲妈祖分灵印尼雅加达兴安会馆》,中国侨网,2024年4月24日,https://www.chinaqw.com/m/hwjy/2024/04-25/377352.shtml。
⑤ 陈盛钟、张丽明、肖清武:《湄洲妈祖祖庙代表团访问印度尼西亚》,福建日报网,2025年2月25日,https://www.fjdaily.com/app/content/2025-02/27/content_3132174.html。

七、妈祖文化在菲律宾:机制与路径

菲律宾是海上丝绸之路的重要枢纽,妈祖文化在菲律宾传播交流的机制与路径有自身的特色。

(一)宋元时期妈祖文化随贸易往来传播至菲律宾

自古以来,中国就与菲律宾有商贸往来。唐朝时,中菲的交往已比较密切,有一定数量的华侨在当地落地生根。宋代时,中菲两国联系更加密切,赵汝适所写的《诸蕃志》对于二者的关系有了详细的记述。元代时,中国和菲律宾的贸易进一步扩大,汪大渊所写的《岛夷志略》一书中,讲述了"麻逸""苏禄"等地的风土人情,还记载了当时的菲律宾社会流行访问中国的社会风气:"男子常附舶至泉州经纪,馨其资囊,以文其身。既归其国,则国人以尊长之礼待之,延之上坐,虽父老亦不得与争焉。习俗以其至唐,故贵之也。"由此可见,宋元时期中菲海上贸易主要是通过泉州港来进行的。泉州港兴起,福建海外贸易逐渐走向繁荣,由此,诞生于福建莆田的妈祖成为海上交通、海上贸易的保护神,是大多数航船供奉的神灵。"唯圣妃神灵烜赫,凡航海之人,赖以为司命。"因此,可以推断宋元时期随中菲海上贸易日益密切,妈祖文化必随着华商传播影响至菲律宾沿海区域。

(二)明清时期妈祖文化随闽籍商人、移民在菲律宾继续传播

明清两代,移居菲律宾的华侨不断增多。如《明史》卷三二三《吕宋传》记载:"闽人以其地近且饶富,商贩者至数万人,往往久居

不返,至长子孙。"①除此之外,《天下郡国利病书》也记载道:"是时,
漳泉民贩吕宋者,或折阅破产……流寓土夷,筑庐舍,操佣贾,杂作
为生活,或娶妇长子孙者有之,人口以数万计。"②明朝初年,朝廷实
行海禁,这使得许多从事非法贸易的闽南人因担心会被政府通缉,
而不得不长期定居菲律宾等东南亚各国。隆庆年间开放海禁之后,
漳州月港及泉州安海一带的商船,与菲律宾之间的商业贸易开展得
如火如荼,在这种形势之下,大量闽南民众举家移居吕宋岛。由于
当时航海技术有限,加上海上天气变幻莫测,航海的闽南人生命安
全时刻受到威胁,他们只有诚心称念妈祖的名号,跪拜妈祖祈求保
佑,恭请她前来救度。他们历尽艰险终于抵达菲律宾后,自然会建
庙供奉妈祖。据记载,菲律宾当前可以查证的第一座妈祖庙是由晋
江华侨于隆庆六年(1572)在南吕宋描东岸省达亚社建造的天上圣
母宫。③"达社……为该省之一重要社镇……社中有天上圣母宫在
焉。此宫建于何时……当远在公历 1572 年,我国商船数艘,在菲律
宾之岷罗洛岛(Mindoro),遇风舟坏,舟人及搭客等,当时或遇救抵
达马里拉市,或就近驶往沓亚社(按,即达亚社,下同)登岸,因而舟
人护驾抵此供奉……盖沓亚社与岷罗洛岛相对面,且仅一衣带水之
距离耳。"④该宫历经沧桑,多次修建以后,描东岸省华侨善信于
1951 年把天上圣母移驾于描东岸市,并重新建筑宫庙奉祀。⑤

---

① 张廷玉等:《明史》卷三二三《吕宋》,北京:中华书局,1974 年,第 8370 页。

② 顾炎武:《天下郡国利病书》卷九三《福建》,清光绪五年(1879)桐华书屋
刻本。

③ 陈衍德:《现代中的传统——菲律宾华人社会研究》,厦门:厦门大学出版社,
1998 年,第 229 页。

④ 陈衍德:《现代中的传统——菲律宾华人社会研究》,厦门:厦门大学出版社,
1998 年,第 229 页。

⑤ 李天锡:《试析菲律宾华侨华人的妈祖信仰》,《宗教学研究》2010 年第 1 期,
第 136 页。

(三)二战后妈祖文化随台籍华侨在菲律宾继续发展

菲律宾地处亚洲东南部,北隔巴士海峡与我国台湾地区遥遥相对,因此台湾地区与菲律宾的往来自古有之,现当代菲律宾华侨华人中也有不少人来自台湾地区。1967年,一艘中国台湾渔船在海上遇风,漂流到菲律宾的拉允隆省仙彬安洛社时,船上的渔民受到当地华侨华人的热情接待。渔民在临别之时把船上供奉的妈祖神像赠送给当地华侨华人。这尊妈祖神像受到当地华侨华人的虔诚信仰,人们打算建立一座隆天宫来供奉它,于是隆天宫在1975年农历九月十一日(10月15日)这一天奠基,在1978年农历十一月初七日(12月6日)举行落成庆典。这座妈祖庙形制与中国台湾常见的宫庙相似,"规模之宏大、建筑之精美,在中吕宋的中国式宫庙中首屈一指"①。1988年,菲律宾宿务的华侨华人从北港朝天宫分灵妈祖神像前往先天圣道院奉祀,并于宿务市郊贝维里尔山麓修建起一座妈祖庙。1989年4月12日,该妈祖庙回北港朝天宫谒祖进香,进行妈祖文化交流,受到信众的热烈欢迎。此外,菲律宾还有部分妈祖宫庙,如马尼拉隐秀寺、凤里庵等,都是由台籍华侨把祖籍地的妈祖移驾或分香、分身、分炉到菲律宾的。这些妈祖文化交流活动使菲律宾妈祖文化得以继续传播发展。

(四)现代随妈祖宫庙往来妈祖文化在菲律宾进一步传播发展

改革开放以后,菲律宾华侨华人陆陆续续回家乡探亲、谒祖进香,妈祖宫庙、社团组织也陆续与家乡相应宫庙、组织开展信俗交

---

① 宋元模:《妈祖信仰在菲律宾的传播》,《莆田乡讯》1987年10月25日。

流,推动了菲律宾妈祖文化进一步传播发展。如:2018 年 3 月 22 日中午,菲律宾马尼拉慈航禅寺一行 38 人,在董事长洪庄严、住持杨端贞的率领下,身着统一服饰,恭捧分灵妈祖前来湄洲妈祖祖庙谒祖进香,祖庙林金赞董事长、吴国春副董事长在正殿陪同向妈祖行庄严的三献礼仪式,并互赠纪念品。① 2018 年 10 月 20—25 日,湄洲妈祖乘坐邮轮抵达菲律宾开展"妈祖下南洋·重走海丝路"暨中菲妈祖文化活动周活动。21 日上午 9 时,妈祖圣驾抵达菲律宾马尼拉港,菲律宾各宫庙代表、大批信众恭迎妈祖,随后马尼拉市政府在马尼拉国际邮轮码头举行盛大的欢迎仪式,菲律宾多名政要、中国驻菲律宾大使馆、菲律宾华社重要团体领导、福建省政府代表团、莆田市政府代表团等嘉宾和信众出席欢迎仪式。22—23 日,湄洲妈祖在马尼拉巡游布福,24—25 日返回湄洲。此次湄洲妈祖神像漂洋过海,航行万里来到马尼拉,是千年来首次巡游布福菲律宾,对于促进中菲文化交流,弘扬妈祖文化,具有里程碑意义。② 2019 年 10 月 10 日下午,菲律宾慈航禅寺董事会及妈祖慈善基金会创办人杨端贞一行 21 人到中华妈祖文化交流协会参观访问,中华妈祖文化交流协会常务副会长俞建忠等人陪同举行了三献礼仪式,并召开交流座谈会。③ 2024 年 5 月 15 日,菲律宾侨商、菲律宾马尼拉慈航禅寺原董事长洪庄严率队,赴湄洲岛参访交流。湄洲妈祖祖庙董事会董事长林金赞对参访团一行表示热烈欢

---

① 林群华、高亚成:《菲律宾马尼拉慈航禅寺回湄洲妈祖祖庙谒祖进香并分灵》,中国日报网,2018 年 3 月 23 日,https://baijiahao.baidu.com/s? id＝1595713471000150436＆wfr＝spider＆for＝pc。

② 关向东、林春茵:《湄洲妈祖首次巡安菲律宾盛况空前》,搜狐网,2018 年 10 月 22 日,https://www.sohu.com/a/270576749_123753。

③ 陈永航:《菲律宾慈航禅寺一行参访中华妈祖文化交流协会》,人民日报海外网,2019 年 10 月 11 日,https://m.haiwainet.cn/middle/3544260/2019/1011/content_31643321_1.html。

迎,并陪同众人向妈祖行庄严的三献礼。①

菲律宾的妈祖信仰基础深厚,与湄洲妈祖祖庙等有着千丝万缕的关系,近年来随着妈祖宫庙交流往来的逐渐频繁,菲律宾妈祖文化得到了进一步的传播发展。

八、妈祖文化在泰国:机制与路径

妈祖文化在泰国的传播发展与华人华侨密不可分,总体上可分为三个阶段,各阶段有着不同的交流机制与路径。

(一)宋元明时期妈祖文化在泰国初步发展

中国与泰国的交往可追溯至西汉平帝元始年间。由于泰国早期未发明文字,故中泰双方的交流历史主要见于中国史籍的记载。《汉书·地理志》载:"自日南障塞、徐闻、合浦船行可五月,有都元国;又船行可四月,有邑卢没国;又船行可二十余日,有谌离国;步行可十余日,有夫甘都卢国。自夫甘都卢国船行可二月余,有黄支国,民俗略与珠崖相类。"②据学者考证,都元国、邑卢没国和谌离国中有一处即位于今泰国境内,可见西汉时就有中国船只前往该区域,开启了双方间的文化交流。之后两国间的交往就多次见于史籍。《梁书》载盘盘国于"大通元年五月,累遣使贡牙像及塔,并献沉檀等香数十种。六年八月,复使送菩提国真舍利及画塔,并献

①　吴琪娜、周建国:《菲律宾参访团前往湄洲交流》,莆田网,2024 年 5 月 23 日,https://www.ptxw.com/news/xw/mzxw/202405/t20240523_481246.htm。
②　班固:《汉书》第 6 册,北京:中华书局,1962 年,第 1671 页。

菩提树叶、詹糖等香"①。盘盘国位于今泰国南部半岛地区。② 唐朝时,今泰国中部的堕和罗国与中国亦有交往。"堕和罗国,南与盘盘、北与迦罗舍佛、东与真腊接,西邻大海。去广州五月日行。贞观十二年,其王遣使贡方物。二十三年,又遣使献象牙、火珠,请赐好马,诏许之。"③

　　宋代之后,中泰两国的交往更甚从前,朝贡贸易从未间断,民间自发的商业活动日趋频繁。如宋乾道年间有真里富国(位于今泰国叻武里府)商人死于宁波。④ 南宋末年宰相陈宜中为躲避元兵,由占城逃往暹国(今泰国境内),最终客死暹国。"至元十九年,大军伐占城,宜中走暹,后没于暹。"⑤据此可推测宋代中泰两地间的民间交往十分密切,可能当时双方民众都有在对方国境定居,否则很难想象陈宜中会选择流亡泰国。元代,中泰的经济交往继续深入,中国的生产技术传播到泰国境内,如中国的瓷器工匠将瓷器制作技术传入泰国,在素可泰等地建立瓷窑,所产瓷器畅销东南亚。⑥ 明代,中泰间官方层面的交往达到高峰。据不完全统计,在明朝的 276 年间,阿瑜陀耶使臣到中国访问达 112 次,平均每两年多一次。⑦ 阿瑜陀耶国即现在的泰国,后明太祖朱元璋赐其国王"暹罗国王之印",故之后中国史籍都称"阿瑜陀耶"为"暹罗"。而中国使节访问暹罗,也以明代为最多。⑧ 双方如此频繁的往来,自

---

① 姚思廉:《梁书》第 3 册,北京:中华书局,1973 年,第 793 页。
② 邹启宇:《中泰关系史简述》,《东南亚》1985 年第 2 期,第 3 页。
③ 刘昫:《旧唐书》第 16 册,北京:中华书局,1975 年,第 5273 页。
④ 洪源善:《当代泰国与印尼华人社会比较研究》,中国社会科学院研究生院博士学位论文,2003 年,第 20 页。
⑤ 脱脱:《宋史》第 36 册,北京:中华书局,1977 年,第 12532 页。
⑥ 邹启宇:《中泰关系史简述》,《东南亚》1985 年第 2 期,第 10 页。
⑦ G. William Skinner, *Chinese Society in Thailand*, New York: Cornell University Press,1957,pp.5-6.
⑧ 邹启宇:《中泰关系史简述》,《东南亚》1985 年第 2 期,第 6 页。

然是与郑和下西洋密切相关的,这也带动了民间海外贸易的繁荣,
促进了中国沿海民众的迁徙。据泰国史料记载,15 世纪中叶后,
到阿瑜陀耶的中国人增多,当时阿瑜陀耶及泰国沿海地区的手工
业者和商人几乎全是中国人。阿瑜陀耶都城居住的中国人就有
1000 多人。①

　　宋元以来,妈祖就开始成为闽粤沿海民众主要的海神信仰。
随着中泰两国间朝贡贸易、民间贸易的繁荣,闽粤沿海民众赴泰国
经商、贸易、定居者日益增多,庇护海上航行安全的妈祖信仰便随
之在泰国传播开来。妈祖文化在泰国得到初步发展,为清代妈祖
宫庙的大量涌现奠定了基础。

(二)清代至民国时期妈祖文化在泰国迅速传播

　　清代虽然实施了"闭关锁国"政策,但闽粤沿海民众因人多地
少仍然不断外迁,"下南洋"未曾中断过。当闽粤地区米粮不足时,
清政府还会鼓励沿海民众前往暹罗购买稻米,故而中泰之间的民
间贸易、人员交流依然频繁。清代初年,法国传教士看到"在暹罗
所有商业之中,中国人占着最优势的地位"②。"(暹罗)国王商船
之航务及商务诸事,不管在暹还是在海外,均由中国人担任","每
年国王派出若干艘船驶往日本,这些船都由中国人驾驶"。③ 更有
学者估计,17 世纪下半叶在阿瑜陀耶全国的中国人人口至少 1
万人。④

---

　　① 朱振明:《中泰关系史概述》,《泰中学刊》1994 年第 3 期,第 13 页。

　　② 邹启宇:《中泰关系史简述》,《东南亚》1985 年第 2 期,第 9 页。

　　③ George White, *Report on The Trade of Siam*, Indian:Indian Office
Records. O.C., 1678, p.4696.

　　④ G. William Skinner, *Chinese Society in Thailand*, New York:Cornell
University Press, 1957, p.13.

大量的闽粤移民进入泰国,为妈祖信仰在泰国的传播创造了条件。据现有资料,泰国最早主祀妈祖的庙宇是建于咸丰元年(1851)的七圣妈庙。相传妈祖在兄妹当中排行第七,故潮汕人称妈祖为"七圣妈"。另有学者认为泰国最早供奉妈祖的庙宇是位于曼谷达挠路的玄天上帝庙,因为该庙陪祀妈祖且建于道光十四年(1834)。玄天上帝庙现存铜钟一口,刻有铭文"道光甲午年六月廿三日弟子叩敬"[①]。道光甲午年即道光十四年(1834),铜钟铸造时间或与建庙时间相同或晚于建庙时间,故段立生推测泰国最早供奉妈祖的庙宇是玄天上帝庙。只是由于玄天上帝庙主祀玄天上帝,作为陪祀神的妈祖不能确定是何年才享受香火,故而推断该庙最早供奉妈祖是有失公允的。因此,泰国最早供奉妈祖的庙宇和妈祖信仰传播到泰国的具体时间仍有待考察。但是,清代是泰国妈祖宫庙大发展时期则是毫无疑问的。从表 3-6 中就可以看出大部分妈祖宫庙都创建于此一时段。如新兴宫,原名"天后圣母庙",初建于同治三年(1864),1929 年重建并改称现名。

(三)现代妈祖文化在泰国普遍传播

近年来,随着中泰两国间的经贸往来愈加频繁,特别是"一带一路"倡议提出后,妈祖文化交流的面貌又焕发新颜。2016 年 10 月 28 日,泰国天一堂、佛旨忉利天宫进香团前往莆田文峰宫,恭请 6 尊神像回泰国供奉。[②] 泰国呵叻府妈祖庙有 200 余年历史,庙里的明光善坛妈祖 30 多年前在泰国雕刻并开光。2015 年,明光善坛第一次组团赴祖庙取香火;2016 年,47 人组团再次回祖庙取香

---

① 段立生:《泰国的中式寺庙》,曼谷:泰国大同社出版社有限公司,1996 年,第 121 页。

② 文峰宫:《泰国宫庙进香团来文峰宫朝拜参香》,莆田文峰天后宫网站,2016 年 10 月 31 日,http://www.wenfenggong.com/newshow-217.html。

并分灵 3 尊妈祖;2017 年,明光善坛的陈金照理事长携手武里南府和碧差汶府的两位理事长,再回妈祖故里进香取火,并参观了海丝文化申遗点——湄洲妈祖祖庙建筑群。他们称要努力把妈祖文化弘扬至泰国其他府、县。① 2017 年 12 月,湄洲岛举办第 19 届中国·湄洲妈祖文化旅游节,同期还举办了世界妈祖文化论坛活动。此次论坛以"妈祖文化　海丝精神　人文交流"为主题,意在推动妈祖文化在世界范围内的传播、促进"一带一路"共建国家和地区的经贸文化交流,共吸引了国家部委领导、外国驻华使节、联合国教科文组织专家及海外内学者等 1300 余人参加,泰国亦派出代表与会。2019 年 3 月,泰国南瑶宫建庙主席林焖烈、主任委员周胜雄等宫庙代表赶赴湄洲妈祖祖庙参访进香。② 在泰国妈祖宫庙频繁回妈祖故里谒祖进香的同时,祖庙妈祖也积极巡安泰国,促进了两国妈祖文化的交流。2019 年 11 月 14 日,来自湄洲的妈祖金身起驾搭机巡访泰国,展开为期五天六夜的"妈祖下南洋·重走海丝路"暨中泰妈祖文化活动周之旅,在当地华人华侨中产生了轰动效应。③ 2023 年 5 月 12 日,泰国泉州晋江联合总会永远荣誉会长蔡上新、会长陈俞龙等人组成妈祖分灵护驾团赴湄洲妈祖祖庙分灵妈祖,并开展谒祖进香活动。④ 2024 年 12 月 10—12 日,应泰国泉州晋江联合总会邀请,湄洲妈祖祖庙董事会常务副董事长庄美华率团前往泰国曼谷,参加"大爱和平,文明互鉴"中泰妈祖文化交流

---

① 李向娟:《泰国呵叻府明光善坛赴妈祖故里谒祖进香》,海外网,2017 年 3 月 13 日,http://tw.haiwainet.cn/n/2017/0313/c232620-30790357.html。

② 黄春霞:《泰国南瑶宫代表赴湄洲妈祖祖庙参访进香》,中国新闻网,2019 年 3 月 4 日,http://www.fj.chinanews.com/news/fj_zxyc/2019/2019-03-04/435252.html。

③ 王国安:《妈祖祭典在泰国曼谷举行》,中国新闻网,2019 年 11 月 15 日,https://baijiahao.baidu.com/s? id=16502642291163712688&wfr=spider&for=pc。

④ 吴琪娜、周建国:《湄洲妈祖再次分灵泰国》,莆田网,2023 年 5 月 18 日,https://www.ptxw.com/news/xw/mzxw/202305/t20230518_447717.htm。

活动,并前往泰国林氏宗亲总会、南瑶妈祖宫、福建会馆、中华总商会等社团进行参访交流。①

小　结

综合上述日本、韩国、越南、新加坡、马来西亚、印尼、菲律宾、泰国八个国家妈祖文化传播发展的机制与路径分析,可以发现妈祖文化在"海丝"沿线国家传播发展的机制与路径有以下特征:一是宋元时期,中国造船技术有较大的提高,对外海洋贸易进入繁荣发展时期,作为当时最主要的航海保护神之一的妈祖跟随海船传播至东亚、东南亚沿海港口地区,并初步在当地传播发展。二是明清至民国时期,随着郑和七下西洋和朝廷使臣往来,大量华商、移民来到东亚、东南亚各个国家,妈祖文化大规模传播至相应国家或地区,并落地生根,成为当地重要的民间文化之一。东亚、东南亚多个国家的大部分妈祖宫庙在这个时期创立,同时妈祖宫庙开展了相应的妈祖信俗活动,成为当地华侨的精神家园。三是新中国成立后至改革开放前,中国大陆与东亚、东南亚的妈祖文化交流很少。但此时台湾地区与东亚、东南亚的妈祖文化交流比较活跃,出现了不少台湾地区妈祖宫庙的分灵庙,妈祖文化得以继续传播发展。四是改革开放以后,特别是"一带一路"倡议提出后,要"发挥妈祖文化等民间文化的积极作用"写入国家"十三五"规划纲要,湄

---

① 湄洲妈祖祖庙:《祖庙交流团赴泰参加中泰妈祖文化交流活动》,湄洲妈祖祖庙微信公众号,2024 年 12 月 12 日,https://mp.weixin.qq.com/s? __biz=MjM5OTk4ODEzOA==&mid=2650142521&idx=1&sn=38497fc1bbe4e33bda727d1f281c2b68&chksm=bed897e010f33d8b0f62e18c3bc5864d47c37d309351904c15b04c9af106205ee1253290387e&scene=27。

洲妈祖祖庙开展"妈祖下南洋·重走海丝路"系列活动,掀起了中国与"海丝"沿线国家妈祖文化的民间交流高潮,为促进中国与相关各国共建"一带一路"发挥了重要桥梁纽带作用。

此外,还发现妈祖文化在"海丝"沿线国家传播发展的机制与路径存在以下问题:当前"海丝"沿线各国妈祖文化在所在国影响力与历史时期相比总体上有所下降。造成这个现象的原因主要有四个:一是在东亚、东南亚地区,明清时期不少国家是中国的藩属国,中国对它们的影响力很大,因而它们对从中国传播过来的妈祖文化也是崇奉敬仰的。到了清末至民国时期,中国国力衰落,妈祖文化影响力自然就下降了。现在,我们国家推行的是平等共处原则,妈祖文化等民间文化交流主要是在民间层面,因此与明清时期相比,当前妈祖文化影响力总体上是下降的。二是传入所在国的妈祖文化基本上进行了在地化演变,无论是与日本神道教、佛教文化融合,还是与越南民间信仰、佛教文化,菲律宾天主教信仰融合,或自身的多次在地化以适应当地社会文化发展,对妈祖文化在所在国的传播发展来说都是一把双刃剑。融合既是对妈祖文化的延续,同时也会使妈祖文化发生较大的变异,若妈祖文化失去自身特色,最终甚至可能在所在国消失。三是明清时期航海技术相比现在还是比较落后,妈祖作为航海保护神,是当时移民、华商战胜航海路上所碰到的困难的精神支柱,起到了十分重要的作用。但随着科技发展进步,特别是航海技术的巨大进步,妈祖航海保护神的功能逐渐弱化,影响力自然就下降了。四是随着华一代、华二代逐渐离开人世,华三代、华四代受所在国文化影响,逐渐对妈祖文化感到陌生,妈祖文化影响力自然也不如以前了。

第五章　妈祖文化在海上丝绸之路传播发展的主要特征

妈祖文化传播至"海丝"沿线国家后,往往会在所在国政治、经济、文化、宗教、民俗等因素影响下,发生一定的演变,并随时代发展,产生了各具特色的特点和影响。

一、妈祖文化在日本:主要特征

妈祖文化在日本传播与妈祖文化在世界其他地区的传播有所不同,不仅与日本当地文化发生了融合,还产生变异,有鲜明的特点和影响。

(一)与日本本土的神道教文化发生融合

从现存的鹿儿岛县的南九州市野间岳权现社西宫、市来串木野市的照岛神社,茨城县的北茨城市矶原天妃社(弟橘媛神社)、东茨城郡矶滨天妃山妈祖权现社(弟橘比卖神社)、鹿嶋市下津天妃神社,宫城县岩沼市稻荷神社和青森县下北郡大间稻荷神社等妈祖宫庙的特征,可以发现妈祖文化传入日本后,与日本本土的神道教文化产生了融合。这种融合不是表面上一些形式名称的简单替换，而是从内容上进行深入吸收与改造，是中日文化借由妈祖信仰发生的交流与碰撞的结果，主要体现在妈祖文化与日本神道的海神代表弟橘比卖信仰和日本神道中主管生产的稻荷神信仰的融合上。17世纪后期，在东日本的矶原、矶滨、大间等地相继出现了妈祖信仰，妈祖信仰在这些地区的传播是以超越当地本土神明为基础的。矶原和矶滨当地原有自己的海洋保护神——大洗明神，但由于妈祖信仰得到时任水户藩藩主德川光圀的支持，妈祖逐渐取代了大洗明神的地位，成为当地以海为生的民众之保护神。大间的情况亦是如此，妈祖信仰的到来取代了原来的海洋保护神——辩才天。妈祖信仰之所以能够取代大洗明神和辩才天，主要有两个原因：一是矶原、矶滨和大间都位于河海航运的要冲，对航行安全保护神的信仰需求甚殷，妈祖的到来适时地满足了当地民众的这一精神需求。二是"外来的和尚好念经"。妈祖作为外来女神，充满了神秘感和魅力，人们对其神力的憧憬自然要胜于早已熟视无睹的本地神。但明治维新后，随着日本国粹主义高扬，妈祖信仰又逐渐与日本本地女性神祇弟橘比卖和稻荷神融合，这种融合仍然符合渔民出海寻求保佑的需求。[1] 妈祖信仰通过融合保留了自己的地位，也丰富了日本原有的弟橘比卖信仰和稻荷神信仰。在矶滨弟橘比卖神社举行的天妃祭中有一项彩车巡游的活动，头戴狐狸面具的信徒在彩车上随音乐舞动，这不仅体现了妈祖文化在当地发生的变化，也显示出当地的传统文化借由妈祖文化得到了充实和强化。

（二）与日本佛教文化相融合

虽然佛教不是日本本土的宗教信仰，但是自从佛教在6世纪

---

① 张丽娟、高致华：《中国天妃信仰和日本弟橘媛信仰的关联与连结》，《宗教学研究》2011年第2期，第270页。

中期自中国经朝鲜半岛传入日本后,就在日本扎下根来,成为日本
文化的重要组成部分,乃至后来出现了神佛习合、本地垂迹等融合
了佛教信仰与日本本土神道教信仰的理论。据统计,2022 年日本
约有佛教徒 7076 万人,寺院 7.5 万所①,佛教信仰规模之大可见一
斑。妈祖文化与日本佛教文化的融合分为形式和内容两个方面。
其一,在佛教寺院中合祀妈祖。有些虽然只是形式上的,却对民众
的信仰取向产生了影响,这也是造成妈祖信仰日趋式微的一个原
因。长崎唐三寺可以说是妈祖文化与日本佛教文化融合的一个典
型代表。虽然长崎唐三寺的建寺目的是给长崎华商的妈祖信仰披
上佛教的外衣,以抵消德川幕府禁教带来的不利影响,但是自从寺
院建成后,佛教信仰相对于妈祖信仰的优势也日趋明显,随着唐三
寺相继开法并成为日本黄檗宗的体系寺院后,妈祖信仰的地位就
开始下降。但从另一个角度看,妈祖信仰也借由佛教信仰的兴盛
或多或少地得到了延续,这大概是佛教寺院内合祀妈祖所带来的
唯一好处吧。其二,妈祖信仰与观音信仰的融合是日本妈祖文化
传承的重要特点。如前所述,观音菩萨也有作为航海保护神的一
面,这在中国、日本都是普遍存在的现象。而在中国有关妈祖的传
说中,观音菩萨为妈祖引导者,东京朝天宫内之所以要合祀观音菩
萨,就是出于这一传说。然而,更多的情况是,在日本的妈祖文化
传承中,妈祖与观音的形象经常重合,"菩萨"是对两者的共同称
呼。有的学者从语音学的角度进行解释:因为"妈祖"的日语发音
为"Moso"或"Boso",而菩萨的日语发音为"Bosatu",存在相似性。
在妈祖信仰的传播过程中,"妈祖"就被讹传为"菩萨"。但是更合
理的解释应该是:"观音菩萨是本地神明,妈祖、船玉神等其他海洋

---

① 日本文化厅:《宗教年鉴(令和 5 年版)》,日本文化厅网站,2024 年 5 月 22
日,https://www.bunka.go.jp/tokei_hakusho_shuppan/hakusho_nenjihokokusho/
shukyo_nenkan/pdf/r05nenkan.pdf。

保护神明都是观音菩萨的垂迹（化身）。"①如在箱根观音福寿院的妈祖信仰中，妈祖被直接称为"妈祖观音菩萨"，这是妈祖信仰与观音信仰融合的绝佳例证。

（三）妈祖信俗活动呈现多样化特征

日本妈祖文化在祭祀的具体安排上也呈现出多样性的特点。首先，每年祭祀妈祖的固定日期多有不同。除了三、七、九月二十三日的妈祖祭祀时间与中国相同外，野间岳本地堂于每年农历八月十五日、九月初九日举行祭祀，长崎圣福寺农历三月二十五日举行祭祀，箱根观音福寿院则于公历 5 月 5 日举行祭祀。近期新建的横滨天后宫与东京朝天宫，由于是华人华侨主持兴建的，妈祖祭祀的时间安排与中国现行的时间基本相同。而将妈祖作为氏神崇祀的林氏和寺园氏的妈祖祭祀时间分别是公历 12 月 28 日和 12月 14 日（寺园氏在农历十二月十四日另举行一次），祭祀时间的确定可能与本家族历史上遭遇的一些重大事件有关。其次，在具体的祭祀活动上，也多与中国有所差别，特别是东日本地区的妈祖信仰，由于与当地传统文化的融合而呈现出很明显的日本文化特色。如矶原天妃社除了在每年农历三月二十三日举办天妃祭以外，在三月初三日、五月初五日、九月初九日、十月初十日还会供奉时令花卉；矶原天妃社转变为弟橘媛神社后，改在每年四月的第三个星期日举行天妃祭，但是除了名称以外基本与妈祖没有关系，整个祭祀过程日本文化特色鲜明。而大间在每年"海之日"（每年七月的第三个星期一）举行的大渔祈愿祭和天妃祭既有日本文化特色，又有中国文化基因，不失为中日两国文化交流融合的极好实例。再次，在供品和仪式上，日本妈祖信仰的传承也有独到之处。如林氏

---

①　李献璋著，郑彭年译：《妈祖信仰研究》，澳门：澳门海事博物馆，1995 年，第 157 页。

家族会在祭祀时供奉红米饭和猪肉；寺园氏家族则会进行擦拭妈祖像的仪式，并供奉红、白米饭和米酒。最后，在向妈祖祈愿的内容上，日本似较中国更多。如在东京朝天宫可以祈求妈祖保佑家庭平安、祛病消灾、买卖兴隆、心想事成、身体健康、社（企业）运隆盛、成就良缘、生育顺利等[1]，在箱根观音福寿院还可以祈求妈祖菩萨保佑世界和平和国际友好。当然有的可能是陪祀于妈祖庙内的其他神祇的福佑功能，但是为了广为招揽信众，因地制宜地增加妈祖信仰的功能或者增加妈祖的陪祀神，也是当前日本妈祖信仰所不得不采取的措施。

（四）妈祖信众群体以华人华侨为主

从整体上看，日本妈祖信众群体还是以华人华侨为主，也有一些日本信众。日本最早传承妈祖信仰的萨摩野间岳权现社得到萨摩统治者岛津忠良的重建和扩建，当时他的主要目的是笼络来萨摩的中国商人，以求从走私贸易中获利。但在信仰传播中还是吸引了一部分日本信众，如野间岳山下的渔村中就有妈祖信众，明末清初流亡到萨摩片浦的林氏家族世世代代崇祀妈祖，也有像寺园氏那样将妈祖看作一族的氏神而崇祀的日本人。长崎妈祖信众主体是往来中日之间进行贸易活动的中国商人，也有日本信众，只是人数较少。但在东日本，其信众几乎都是日本人，如矶原、矶滨、大间等地的天妃神社信仰群体主要是由东日本沿海、沿河航线的渔民和航运业者构成。[2] 进入近现代以后，日本妈祖信众还有像日本妈祖会、长崎妈祖会等日本人组成的妈祖信仰团体。

---

① 东京妈祖庙：《灯明》，东京妈祖庙官方网站，2016 年 5 月 28 日，http://www.maso.jp/? page_id＝439。

② 任娜、陈衍德：《日本华侨华人社会形成新论》，《中华妈祖文化学术论坛》，天津：百花文艺出版社，2008 年，第 31 页。

（五）日本妈祖文化现今多开发为旅游资源

自 2000 年以来,长崎在每年农历春节之际会举办灯会,组织盛大的妈祖巡游活动,这是对明清时期前来长崎贸易的中国商船举行的"菩萨扬"活动的复现。数百名长崎市民穿着中国古式服装,结队护送妈祖神轿行进。长崎孔庙是巡游活动的起点,兴福寺则是巡游活动的终点,两点之间由市内名胜连缀,吸引沿途市民和游人争相观礼,并与巡游队伍拍照留念。① 当妈祖巡游队伍抵达兴福寺时,兴福寺举行隆重的欢迎仪式迎接妈祖神像的到来,现场锣鼓喧天,欢呼声不绝于耳。长崎春节灯会是长崎旅游管理当局一手策划的,是宣传长崎、推广长崎的一种文化活动,目的是吸引游客,促进长崎旅游产业的发展。青森的大间稻荷神社从 1996 年起,在"海之日"这个节庆日同时举行天妃祭与大渔祈愿祭,也是将其作为旅游观光资源进行开发,促进当地旅游产业发展。横滨天后宫的建设,其中一个目的也是扩大中华街作为观光地、商业区的影响力。

（六）妈祖文化在日本的影响力逐渐下降

与明清时期妈祖文化的影响力相比,在当代日本社会中,妈祖文化的影响力是下降的。单从数量上看,为数甚少的妈祖宫庙就无法与日本神道教的 10 万座神社和日本佛教的 7.5 万座寺院相提并论。造成妈祖信仰式微的原因主要有三个:一是在日本明治维新前后的国粹主义影响下,妈祖作为外来神祇被日本本土神明取代,妈祖信仰遭到了严重削弱。二是无论是与日本神道教文化

---

① 郑松波:《长崎举行"妈祖行列"巡游》,日本新华侨报网,2018 年 2 月 19 日,http://www.jnocnews.jp/news/show.aspx? id＝94835。

融合还是与日本佛教文化融合,对妈祖文化在日本的传播来说都是一把双刃剑。融合既是对妈祖文化的延续,同时也会使妈祖文化发生变异,有可能会造成妈祖文化在日本一些地区的最终消失。三是科技的进步,尤其是航海技术的进步,使妈祖的海洋保护神功能弱化,地位不断下降。

二、妈祖文化在韩国:主要特征

(一)历史上传播广泛,现在影响很小

历史上,妈祖文化在韩国传播广泛。千年前的宋代,中国的使臣和贸易商来到朝鲜半岛,将船舶停泊于朝鲜半岛的港口,人们看到了供奉在使船和商船上的妈祖神坛,看到船上的人所进行的虔诚的妈祖信俗活动,初步认识了妈祖信仰。到明代时,朝鲜是中国的藩属国,中国文化对朝鲜百姓有较大影响力。朝鲜频繁往来中国的使臣及其随从也把当时已十分盛行的海神妈祖信仰带回朝鲜半岛,在使船上供奉妈祖,在开航前还必定举行祭祀妈祖活动,祈求护佑航海安全顺利。明朝支援朝鲜平倭的水军在朝鲜半岛古今岛建设宫庙供奉海神妈祖,回去后把宫庙交给当地人管理,也把妈祖信仰留在当地了。清代,中国文化在朝鲜还具有较大影响力。当时来朝鲜经商的中国商人,在汉城、仁川、釜山等城市建设了妈祖宫庙等,供奉海神娘娘妈祖,传播妈祖文化,对当地人产生了较大影响。但到了近代民国时期,中国对韩国的影响力不断下降,妈祖文化影响力也日益下降,到现代,几乎只有少量华侨还在传承发展妈祖文化,大部分的韩国人已几乎不了解妈祖文化。

（二）妈祖信俗活动展现出浓郁的台湾地区风格

虽然现在韩国有首尔居善堂、仁川义善堂和釜山韩圣宫还在供奉妈祖,但据调查仍然有开展妈祖信俗活动的只有釜山韩圣宫。韩圣宫是中国台湾信众和留学中国台湾的釜山华侨共同建设的,是台北慈明宫的分灵庙,因此其信俗活动基本上是按照慈明宫的风格开展的。祭礼日期安排如下:常规祭礼安排在每月农历的初一和十五日进行。重大祭礼按照供奉神灵的具体情况安排,如农历正月初一日举行弥勒佛祖诞日的祭礼;正月十三日举行关圣帝君飞升日的祭礼;二月初二日举行福德正神千秋日的祭礼;二月十九日举行观世音菩萨诞辰日的祭礼;三月二十三日举行天上圣母诞辰日的祭礼;六月十九日举行观世音菩萨得道日的祭礼;六月二十四日举行关圣帝君诞辰日的祭礼;九月初九日举行天上圣母羽化升天日的祭礼和三太子千秋日的祭礼;九月十九日举行观世音菩萨出家日的祭礼。此外,在中国传统的正月初一日春节、清明节、五月初五日端午节、七月十五日中元节、八月十五日中秋节、九月初九日重阳节、冬至日、除夕等民俗日也会举行特别的祭礼。除了七月没开展外部信俗活动外,基本上有开展配套的宫外活动。韩圣宫平时供奉神灵的供品主要是水果,但到了特别祭礼日那天,还会增加寿面、寿桃供品,以及金针(金)、木耳(木)、冬粉(水)、豆腐(火)、香菇(土)等符合五行的食物供品。每年釜山草梁华人街举行庆典时,韩圣宫信众会按照中国台湾妈祖巡游做法,用神轿抬着妈祖像沿街巡游布福,并向韩国人发放宣传单,宣传妈祖文化。①

---

① 朴现圭:《韩国的妈祖信仰现况》,《莆田学院学报》2016 年第 1 期,第 1~9 页。

三、妈祖文化在越南:主要特征

妈祖文化传播到越南后,经过与越南不同族群文化、信仰的交融发展,现演化出三个有一定差异又有交叉影响的文化系统,分别为华人妈祖文化系统、越南人妈祖文化系统、明乡人妈祖文化系统。各系统经过演化发展后保留了妈祖文化原有的一些特征,又具有该族群的文化特征。

(一)华人妈祖文化系统

1.华人供奉妈祖的方式主要有在民间信仰宫庙、佛教寺院、私人家庭供奉等三种

最为典型与普遍的方式是将妈祖作为主祭神或陪祭神供奉在民间信仰宫庙中。妈祖作为主祭神的宫庙主要是天后宫,妈祖作为陪祭神的宫庙主要是关帝庙、保生大帝庙、福德正神庙、本头公庙、水神庙等。在越南南部地区,相对普遍的方式是将妈祖作为陪祭神供奉在佛教寺院中,如巴地—头顿省龙田县龙盘寺、茶荣省茶句县新龙寺等,寺院正殿或殿中央供奉释迦牟尼佛、观音菩萨神像,后殿、侧殿或殿两边供奉妈祖神像。还有一种方式是将妈祖供奉在华侨私人家庭中,这主要是因为他们对妈祖的信仰不是简单的宗教信仰,还是寻根怀祖的情感表达。中国人历来有很强的乡土观念和深厚的故国情怀,背井离乡侨居异国后,总是会想方设法与家乡亲人保持联系。妈祖作为从家乡带来的神灵,是家乡和亲人的象征,他们在家祭拜妈祖,除了祈求妈祖保佑之外,就像在和

家乡亲人联系一样,表达着他们对故国、故土的无限怀念之情。[①]

2.华人内形成潮州人、广东人、海南人、福建人、客家人五大妈祖文化子系统

越南华人按照血缘与地缘的不同形成五大方言群体,分别为潮州人、广东人、海南人、福建人与客家人。这五大方言华人群体按照各自习俗和移民越南后从事的行业、职业情况,分别对从家乡带来的妈祖文化进行演化,形成各具特色的妈祖文化系统和妈祖宫庙体系。

越南潮州人主要生活在南部的胡志明市和湄公河地区,他们主祭妈祖的天后宫和陪祭妈祖的关公庙、北帝庙、感天大帝庙、保生大帝庙、福德正神庙等也主要分布在这些地区。据统计,胡志明市有 41 座主祭或陪祭妈祖的潮州人宫庙,湄公河地区共有 45 座主祭妈祖的天后宫和 60 多座陪祭妈祖的其他宫庙,是华人里数量最多的。[②] 这些妈祖宫庙分布比较分散,除了最南部的金瓯省的 8 座天后宫相互间有分香关系外,其他各庙间几乎没有横向或纵向的关系。这些妈祖宫庙有鲜明潮州风格,规模最大、影响最大的是朔庄省珠洋市天后宫、安江省静边县七山天后宫和金瓯省金瓯市天后宫这 3 座天后宫。有的潮州人妈祖宫庙由于当地潮州人变得稀少,越南人、高棉人成为主要的信众,其组织管理方式、祭典仪式、酬神活动等受越南人、高棉人信仰文化的影响,已逐渐形成越南化特色。

越南广东人主要指讲广东话的广肇人,在北部、中部、南部都有分布,但南部的胡志明市和湄公河三角洲一带的人数最多。越

---

① 陈丽琴:《妈祖信仰在越南的传播研究》,《当代社会中的传统生活:国际学术研讨会论文集》,天津:天津社会科学院出版社,2014 年。

② 阮玉诗:《天后信仰在越南湄公河流域的传播及其特点》,《妈祖文化研究》2017 年第 1 期,第 56～69 页。

南中部岘港会安有历史悠久的广肇会馆天后庙、广东会馆天后宫。南部胡志明市有 16 座主祭或陪祭妈祖的广东人宫庙,其中有越南最为著名的穗城会馆天后庙。湄公河地区有 6 座天后宫,分别为隆安省守承县天后宫、茶荣省小琴县天后宫、前江省丐礼市天后宫、朔庄省美川县天后宫、永隆省永隆市天后宫、薄寮省薄寮市天后宫。这些天后宫都以穗城会馆天后庙作为祖庙,形成祖庙与分灵庙的纵向关系,并都以祖庙建筑风格、祭祀神灵(天后、龙母娘娘、金花夫人、关公与福德正神等)、祭祀仪式、信俗活动等作为蓝本,统一开展信俗活动。

越南海南人主要生活在中南部沿海重镇,从事海洋渔业贸易行业。总人数不多,经济实力不强,但在越南全境建立了统一的联络会,聚居地所建的海南风格的民间信仰宫庙间也保持着比较紧密的横向关系。据统计,全越南海南人民间信仰宫庙共有 15 座,其中主祭海神妈祖的天后宫有 7 座,另外陪祭妈祖的关帝庙、华光大帝庙等有 8 座。这 7 座海南人天后宫中比较有名的是岘港会安的琼府会馆天后庙、胡志明市的琼府会馆天后庙(即海南娘娘庙)、湄公河地区坚江省迪石市海南天后宫和坚江省何仙市琼府天后庙等。供奉的神灵基本上是天后妈祖、懿美娘娘、水尾娘娘、108 位照应英烈等具有海南地域特色的民间神明。

越南福建人在北部、中部、南部都有分布,其中以南部胡志明市的数量最多,主要从事大米、药材等贸易行业。越南北部、中部与南部都有福建人天后宫,如北部的河内福建会馆,中部的岘港会安福建会馆天后宫,南部胡志明市的温陵会馆、霞漳会馆、三山会馆、二府庙、凤山寺、天后圣母庙等。但在湄公河地区,由于人数比较少,没有单独建设福建人天后宫,而是与潮州人一起建立天后宫;或在潮州人、广东人已建有天后宫的一些地方,他们为突出福建人族群特色,就建设了广泽天庙、本头公庙、感天大帝庙等福建人宫庙,当然这些宫庙中都有陪祭妈祖。

越南客家人主要生活在南部的胡志明市和湄公河地区,从事中药与石业开矿两种行业,在其聚居地共建立了 6 座客家风格的民间信仰宫庙,其中 4 座为天后宫,1 座为祖师庙,1 座为观音庙。位于湄公河地区安江省静边县的七山天后宫是一座规模大、具有典型客家建筑风格的天后宫,其与越南人处主圣母陵庙(越南人的处主圣母相当于华人的天后圣母)相距不远,在越南旅游界知名度较高。

越南南部前后江一带由于华人数量不多,来自不同方言群体的华人会齐心协力联合起来一起建设天后宫,如前江省丐皮县县城五帮天后宫、安江省瑞山县天后宫、茶荣省茶荣市天后宫、同塔省沙沥市七府天后宫。这些宫庙建筑和信俗活动往往是混合式的,会着力体现参与建设的不同方言群体的地域特征,比如最为典型的沙沥市七府天后宫,其主体是广东建筑风格,庙宇东西廊则是潮州和福建建筑风格,祭祀的神灵除了共同崇信的天后妈祖外,还有潮州人、海南人的福德正神和广东人的金花娘娘等。

3.华人妈祖宫庙与各自宗乡会馆常融为一体

越南祭祀妈祖的华人宫庙尤其是天后宫基本上与五大方言华人族群的宗乡会馆融为一体。华侨们初来乍到时,人生地不熟,会遇到重重的困难,他们常建立以血缘、地缘关系为纽带的宗亲会和同乡会等组织来一起应对和解决困难,正如《重建穗城会馆碑记》所载:"尝闻建设会馆者,是谓借神恩而酬报答,叙乡里以笃情谊也。"①天后宫与宗乡会馆融为一体后,成为当地华人社群聚会议事的公共场所,他们把共同信奉的、对华人族群具有约束力的妈祖作为维系大家共商发展的精神纽带,常通过共同祭祀妈祖的各种

---

① 　黎文景:《穗城会馆天后庙》,胡志明市:越南穗城会馆天后庙,2000 年。

活动和建立每个家庭轮流负责信俗活动组织工作的机制进行联谊,联络感情,强化文化认同感和民族凝聚力。这些宗乡会馆天后宫不仅建有祭祀妈祖的殿堂,还在天后宫的东西廊附建华文学校和文化社团,开展华文教育和传承中华优秀传统文化活动,如朔庄省珠洋市天后宫的培青华文学校和潮州潮戏团、大锣鼓队、舞龙团等社团、潮州义庄与潮州义祠等,茶荣省小琴县县城广东人天后宫的华越华文学校,前江省丐礼市天后宫的求知华文学校,朔庄省美川县县城潮州天后宫的美川大锣鼓队、舞龙队等社团,金瓯省金瓯市天后宫的同心古乐社等。

4.华人妈祖信俗活动在传统基础上融会了越南当地特色

经过四五百年的交流发展,越南华人妈祖信俗活动保留了妈祖信仰原有的主要特征,也融会吸收了所在地的一些文化习俗特征,具有越南特色,具体表现在以下两个方面:

一是妈祖由海神转化为保护神、福神、财神。明清时期华侨渡海来越南时,祭拜妈祖主要是为了祈求护佑航海安全,到达后,逐渐转为祈求保佑在地平安、生产发展、生意兴隆。在越南抗法、抗美战争的特殊时期,妈祖逐渐演变为保护神与福神,并还与佛教的观音菩萨一样成为女性的护命神。革新开放后,越南经济得到发展,人们物质与精神生活日益丰富,妈祖又被信众转奉为财神。

二是妈祖祭祀仪式既有传承,也有创新。农历三月二十三日妈祖诞辰,越南大部分地区尤其是中南部地区的妈祖宫庙都会开展祭祀妈祖的大型庙会,华人、越南人、高棉人信众都会赶来参与,祈求平安健康。这个信俗活动核心部分基本上保留了妈祖信仰的原有特征,只是具体形式上有所不同。如胡志明市的天后宫除了举办大型法会,还举办浴妈祖、迎妈祖的活动和粤剧、潮州戏表演等。信众要带上去毛带皮的、用血抹红的整猪或整鸡或整鸭作为供奉物品。要烧香磕头,一般是先拜妈祖,再拜龙王和财神。最后要烧纸,给娘娘送纸钱。祭拜仪式后,供奉物品分成两份,一份要留在妈祖宫庙里给参加活动的人食用,另一份带回家吃。湄公河地区的多数妈祖宫庙在祭祀妈祖时,还举办沐浴节、迎神节、迎轿仪式等和挂灯笼、鳞舞等活动。如金瓯市的天后宫每年除了举办妈祖天后生辰祭典仪式外,还在春节前后举办隆重的天后"上天与回家"仪式。该仪式是在腊月二十四日举行送妈祖天后回天堂仪式和正月初三日晚上举行恭请妈祖天后回宫的典礼。其与越南人腊月二十三日早晨送灶神上天,腊月三十日上午迎灶神与祖先回家,正月初三日上午送祖先上天的仪式相似。两种仪式时间安排略有不同,据考证是因为华人认为妈祖是天后,与灶神不同,她的上天时间要在灶神之后的一天。她上天后到腊月三十日期间是充当天官的角色,要向天庭报告人间事务。到腊月三十日灶神带着祖先回人间的家时,妈祖天后此时充当祖先的角色,回到她在中国福建湄洲岛的家团聚,暂时不回金瓯来。正月初三日上午她离开湄洲岛的家,晚上时分回到金瓯,此时金瓯市天后宫举行隆重的"恭请圣母回宫"大典礼,至此"天后上天与回家"仪式结束。该仪式融合了越南人过节的传统风俗,实现了在地化,使妈祖天后更容易被越南人、高棉人接受。同时该仪式具有象征意义,满足了华人因远离故土无法回家的心愿。①

(二)越南人妈祖文化系统

1.受华人影响接受妈祖信仰并形成越南人妈祖文化系统

越南南部胡志明市和湄公河地区越南人、华人、高棉人等族群混合居住,经济生产与日常生活高度交汇,相互间的文化交流十分

---

① 阮玉诗、阮俊义:《天后上天与回家——越南金瓯华人天后信仰的变迁与在地化》,《妈祖文化研究》2019 年第 1 期,第 31～41 页。

频繁,信仰自然也相互影响。华人民间信仰里多了越南人崇拜的神明和高棉人崇信的小乘佛教与土神信仰,越南人与高棉人当然也接受了华人的民间信仰,其中就包括妈祖天后信仰。受小乘佛教影响的高棉人,虽然接受天后信仰,很热心地参与天后宫的信俗活动,但没有建立自己族群祭祀妈祖天后的任何宫庙。受大乘佛教影响的越南人跟华人相似,奉行多神信仰,比较开放,他们认为妈祖天后跟佛教里的观音菩萨非常相似,跟他们信奉的处主圣母或者五行娘娘有同样的功能,因此,视妈祖天后为保护神、福神或天神,将妈祖天后列入他们信奉的民间神灵中去,建立主祭妈祖天后的天后庙和陪祭妈祖天后的处主圣母宫、佛教寺院等,形成越南人妈祖文化系统。越南人的妈祖文化主要体现在宗教功能上,不具有华人妈祖文化拥有的文化认同和族群凝聚功能。

2.越南人供奉妈祖的方式也是在私人家庭、佛教寺院、天后庙供奉三种

越南人供奉妈祖的方式跟华人相似,主要有三种。一是一部分做生意的南部越南人受华人影响,在家庭里设立供奉台,除祖先供奉台之外,还有观音供奉台、关公供奉台、天后圣母供奉台、财神供奉台等。其中,天后圣母供奉台上摆着天后圣母牌位,中间刻上四个中文字——"天后圣母",牌位前摆着一个香炉和一个水果盘。他们认为妈祖是一位保佑家庭平安、幸福和发财的神灵。二是把妈祖天后视为佛教神灵之一,供奉在佛教寺院中,如湄公河地区茶荣省新龙寺,把妈祖跟佛祖、观音、护法神、伽蓝菩萨等放在一起供奉。胡志明市的一些佛教寺院如第三郡永昌寺、守德郡新和寺、平正郡金刚修院,是在其花园中另外建造了天后宫或天后庙主祭与陪祭天后。三是建立天后庙专门供奉妈祖天后。目前,湄公河地区共有 17 座越南人创建的天后庙,分别为隆安省新安市第七坊天后庙、隆安省新安市第一坊天后庙、安江省朱笃市永美坊永美天

后、槟椥省巴知县县城天后庙、槟椥省巴知县虾店村虾店天后庙、槟椥省全蓝县榄仁树天后庙、槟椥省周城县天后庙、永隆省三平县和禄村和禄天后庙、茶荣省周城县永宝村天后婆庙、茶荣省周城县和顺村处主—天后庙、茶荣省茶句县定安镇天后婆庙、茶荣省横桥县县城天后婆庙、朔庄省永州市永海村黄旗天后庙、朔庄省永州市和东村天后婆庙、薄寮省薄寮市中心市场附近母宫天后庙、薄寮省和平县永美 B 村天后宫、薄寮省东海县豪角镇大海翁—天后庙。①

　　这些越南人天后庙跟华人妈祖宫庙建筑风格不一样,主要分为三种风格:村庙式、居民住房式与小屋式。村庙式、居民住房式宫庙是公共场所,小屋式的宫庙则是私人建立与管理的。越南人天后庙绝大多数是小规模的民间宫庙,基本上是按照历史上阮朝关于村庙的建造规制建设的,整体建筑风格简单,外观主要涂着红色与黄色,布置着莲花、佛光圈、灯塔等佛教象征物,画有四灵物(龙鳞龟凤)、老虎和鲤鱼等图案,配有龙凤纹、花果纹、风景图等花纹。宫庙旁边一般配建有一座小型土地庙。大部分天后庙内中间祭坛祭祀妈祖天后,左右两旁陪祀越南人神灵,如左右护法、前驱后护神、前后开垦神、处主圣母、十二生肖母神等,也有陪祭华人的先圣和神灵,如孔子、老子、关帝、观音等,体现了民族文化交叉和儒释道三教及民间文化混合的特征。有一部分天后庙内部布置与佛教寺院类似,正殿最常见的布局为"前佛后圣",前面布设观音菩萨的佛龛,后面布设妈祖天后的神龛。天后庙里所供奉的妈祖天后雕像通常有两种风格:一种是越南传统女性神雕像式风格,头部戴着孔雀鸟冠和其他装饰,显现出富有慈心和博爱的女神形象,由当地人自己雕塑。另一种是明朝天后正统风格,头戴着中国式天

---

① 阮玉诗:《天后信仰之传播和变迁:以湄公河三角洲的越南人为例》,《第五届国际妈祖文化学术研讨会论文集》,2019 年,第 226～241 页。

后王冠,显现出雍容与富贵形象,由当地华人提供或直接从中国华南地区、台湾地区购买。

3.越南人妈祖信俗活动具有鲜明的越南特色

越南人天后庙庙会举办时间与华人妈祖宫庙一样,为妈祖诞辰日的农历三月二十三日,但庙会祭神典礼是采用阮朝规定的典礼,祭祀主持人穿上越南龙袍,在三鼓声之后用越南文宣读祭文,祈求平安。祭祀时没有华人天后宫常有的舞龙、舞狮表演和大锣鼓声伴奏,音乐只有鼓声,仪式后上演的菩萨戏是越南式神功戏。仪式上的祭物通常是由信众捐钱购买的整头未煮的猪,偶尔加上鸡肉,另外一些花果、农产品等祭物由村民按照自愿的原则提供。祭神之后一半猪肉切成小块,按照信众捐钱或捐赠的多少而分配,另一半煮了大家一起享用,共享神恩。

(三)明乡人妈祖文化系统

1.长期受越南文化影响形成混合型的明乡人妈祖文化系统

明乡人原是华人,但由于不断与当地越南京族人和高棉人通婚,逐渐演变成一个土生族群,已与后来的华人移民有所不同。历史上,明乡人的地位介于越南人与华人移民之间,低于越南人,高于华人移民。到了法国殖民时期,法国人为切断越南与中国的宗藩关系,极力将有着华人血统的明乡人算入越南人,以区别于华人。经过多年的在地化和法国的殖民教育之后,这些明乡人在语言、习俗、文化等方面已与越南的主体族群京族人差异不大了。因此,明乡人妈祖文化在传承发展过程中也发生了较大的演变,其宫庙建筑、庙内外装饰、神话传说、信俗活动等各个方面,都大量地吸收了越南文化的要素,形成具有华人与越南人混合特征的明乡人妈祖文化系统。

2.明乡人天后宫建筑风格已呈越南化,但仍具有宗乡会馆的族群凝聚功能

明乡人主要生活在越南中部顺化、会安一带和南部胡志明市、湄公河地区等。明乡人天后宫原来基本上是具有中华传统建筑风格的宫庙,但现在建筑风格已呈越南化了。如位于顺化明乡北部的明乡天后宫在 1685 年左右就修建了,当时宫庙建设的原材料完全从中国运来,并由华人修建,宫庙主体由正殿、前殿、右偏殿和左偏殿构成。1949 年抗法战争中,该天后宫被毁,只剩下右偏殿。后经过多次使用越南原材料和由越南工匠负责的修缮与重建后,前殿、正殿和左偏殿屋顶采用顺化当地传统建筑样式的"重檐叠屋",前殿和正殿的装饰突出顺化当地传统的母性神崇拜主题,具有浓厚的阮朝启定帝时期的装饰风格,右偏殿成为跟当地越南人村庙一样的供奉乡城隍、地方官员、对村民有功的人、土地公的先贤殿,左偏殿按照华人原有传统,成为明乡人举行集会讨论族群事务用的"乡会室",发挥宗乡会馆的族群凝聚功能,但总体风格已与越南的一般村庙没有什么区别,处处体现越南的建筑风格。①

3.妈祖信俗活动保留有一定华人传统特征,但更具越南当地特征

明乡人天后宫仍然把妈祖天后作为主神供奉,陪祭神通常有华人原有的神灵如千里眼、顺风耳、观音菩萨、文昌帝君、福德正神等,也有当地越南人神灵,如十二接生婆神、先贤、城隍及一些对村子有功的人。天后宫最盛大、最隆重的信俗活动依然是农历三月二十三妈祖天后的生辰祭典。祭典仪式圣洁庄重,一般在当日早上 4 点就开始,由明乡村民推举村里的一位长者担任主祭。现基

---

① 潘氏华理、许阳莎:《明乡天后信仰及其文化涵化过程》,《内蒙古师范大学学报(哲学社会科学版)》2018 年第 1 期,第 51~57 页。

本上是用一只约 15 公斤的烤猪和一盘糯米饭等越南食物作为供品,来代替原有的猪、牛、羊三牲等华人食物供品。祭礼进行时,主祭人恭读由汉、越两种文字书写的祭文。祭礼结束后,祭文将被烧掉。然后,庙方用供品做饭设宴招待客人,宴会像越南村庙的宴席一样,按阮朝陈践诚创立的天后宫祭礼饮食规制来安排。每年天后祭典仪式都常有一些已移居国外、为天后宫捐款较多的明乡人回来参加。

天后宫原来举行的其他信俗活动,如元宵节专为生男孩的人设的小宴礼、九月初九日的妈祖天后升天祭礼及演戏的习俗等已经消失了,而二月二"文昌—福德神会"由开笔礼逐渐演变成了父母带孩子来求学业有成、金榜题名,或者已经如愿的人回来还愿;明乡人扫墓祭祀祖先的时间也由清明节改到了与越南人一样的腊月十六日,他们还在先贤殿供奉肉和糯米饭祭祀先人。总之,明乡人妈祖天后信仰已带有浓厚的越南特色,与越南人的女神、母神信仰日益接近。①

四、妈祖文化在新加坡:主要特征

(一)新加坡妈祖文化与地缘群体互为依托

地缘群体在新加坡华侨华人传播妈祖文化过程中发挥了重要作用,而妈祖文化在传播过程中反过来也促进了地缘群体的团结发展。

---

① 潘氏华理、许阳莎:《明乡天后信仰及其文化涵化过程》,《内蒙古师范大学学报(哲学社会科学版)》2018 年第 1 期,第 51～57 页。

新加坡地理位置优越,是东南亚地区的优良港口,吸引许多华商前往经商贸易。他们沿中国沿海地区乘船或经中南半岛、马来半岛再乘船南下,经历多天海上漂泊方才抵达新加坡。他们往往在起航之前,便会将妈祖神像安放在船舶中供奉。抵达新加坡之后,感念天后庇佑,往往建立宫庙主祀妈祖这一航海保护神,并多以关帝、观音等神明陪祀。华商通常按照地域及相同方言形成互相帮助的帮群及各类团体,如福建帮、潮州帮、海南琼州帮、广府帮、客家帮等。这些帮群皆建立各自的天后宫主祀妈祖,以妈祖神缘来维系各自地缘关系,在此基础上形成地域性会馆。新加坡诸多祭祀天后的会馆及各类社群组织中,天福宫、粤海清庙、琼州天后宫在华人社会中影响力较大。天后宫作为新加坡华人移民的妈祖信仰中心,是新加坡华人纪念先祖、进行文化交流的重要场所,担当了救苦济贫、救死扶伤、丰富民众文化生活的重要角色。它使当地华侨华人在经济、生活上获得更多认同感和支持。华侨华人通过妈祖信俗活动,以具有地缘性质的华侨会馆、具有血缘性质的宗祠和具有神缘性质的天后宫庙为平台,凝聚成一个整体,强化了身份与文化方面的认同。

(二)新加坡同业公会将妈祖奉为行业保护神

19世纪华商抵达新加坡后,大多从事船员、航海贸易商或其他与航海有一定关联的职业,这些职业常常祈求海神妈祖的护佑。因此由这些职业形成的同业公会,如当时的驳船公会、红灯码头的电船公会、摩多船主公会等都将妈祖奉为行业保护神,在行业组织办公场所供奉妈祖、崇祀妈祖。当时华人炭商组成的行业公会——星洲炭商公局还在会所中专门建立妈祖宫庙"炭商宫",祈求妈祖护佑他们平安顺利通过海路将在印尼炭窑生产的炭运往新加坡。妈祖成为新加坡华人炭商的共同保护神。① 当然后来由于经济条件变化,生活水平提高,火炭使用被取代,炭商行业几乎不存在了,同业公会唯一的妈祖宫庙"炭商宫"受到很大影响,但许多与航海有关的同业公会依然奉妈祖为保护神,护佑行业顺利发展。许多与航海没有关系的华人企业和行业及个人也将妈祖奉为商业保护神和平安守护神,如目前新加坡许多华人都会在出行的现代交通工具上挂妈祖神像或香袋,希望妈祖保佑出行平安;出租车司机也会将妈祖神像放在车上,祈盼妈祖保佑生意兴隆。

(三)新加坡妈祖信俗活动持续开展

新加坡华人通过参与妈祖信俗活动和建立会馆组织等方式不断维系中华文化认同,通过妈祖信仰凝聚共同意识,应对跨文化带来的文化调适问题。新加坡每年都会举行大型妈祖信俗活动,包括妈祖元宵、妈祖诞辰和妈祖升天纪念等。按照惯例,祭典仪式结束之后,还会举行妈祖巡游、舞龙、舞狮、摆棕轿、耍刀轿、舞凉伞等民俗表演,场面壮观,热闹非凡。新加坡当地的每个妈祖宫庙各有活动范围,会请妈祖神像巡游辖境,各家各户在门前设香案迎接。除烧香外,人们还需以米糕和斋菜供奉,放鞭炮庆贺,整个过程井然有序,前来祭拜的人士络绎不绝。妈祖文化在传播演化过程中,其所带有的鲜明的中华传统文化元素和浓厚的乡土文化意蕴为新加坡社会的文化多元性注入了新的活力,人们亦可借此窥见新加坡的历史变迁、人文情怀和社会生活等诸多方面的状况。

---

① 童家洲:《论早期新加坡华人的妈祖信仰》,《八桂侨史》1996 年第 2 期,第 54~58 页。

（四）新加坡妈祖文化体现海峡两岸同根同源的文化特质

自 19 世纪后,我国台湾岛与金门岛也多有民众经厦门移居新加坡。当时东南沿海"地不足于耕,其无业者多散之外洋"①。金门岛、台湾岛民众与来自厦门的移民以地缘、血缘为纽带,以从家乡带至当地的妈祖作为联系同业同乡、构建共同记忆的媒介,形成宗亲群体,相互照顾。他们在当地建立了多个宗亲会,其中崇祀妈祖的有文山联谊社、金合发联谊社、星洲关山社、金长发联谊社、东安渡头联谊社、金明发联谊社等。② 这些宗亲会以妈祖文化作为精神寄托,常以庆祝妈祖诞辰的名义筹集资金联络乡谊,共同传承中华优秀传统文化。1996 年,文山联谊社与南洋方氏总会联合组团访问台湾、金门、厦门,共同返乡谒祖进香。可见,海峡两岸华人华侨为了谋生历经艰险,不仅凭借自身的坚忍和勤劳在域外立足,亦借由神缘、地缘、亲缘等因素团结彼此,增强对中华民族的认同感。

五、妈祖文化在马来西亚:主要特征

妈祖文化在马来西亚的传播发展跟华人华侨在马来西亚的生存发展一样,既保留了从家乡带过来的诸多信俗仪式和信仰内涵,也积极跟本土的社会文化相融合,实现在地化。如今,妈祖文化已经不仅仅是马来西亚华人保留得比较好的传统文化之一,也成为马来西亚本土居民生活的一部分,有着马来西亚自身的特征。

---

① 林焜熿:《金门志》,台北:台湾文献委员会,1993 年,第 395 页。
② 林纬毅、蔡桂芳:《妈祖信仰与新加坡金门宗乡会——兼论妈祖精神在 21世纪海上丝路建设中的意义》,《妈祖文化研究》2018 年第 1 期,第 27～28 页。

(一)马来西亚妈祖宫庙与宗乡会馆融为一体

马来西亚妈祖宫庙主要有两种类型。一类是由民间人士担任庙主、住持,或由宫庙理事会等创立及管理的民间性质天后宫,这一类数量比较少。另一类即是与马来西亚福建人、广府人、客家人、潮州人、海南人等五大华人方言群体或籍贯群体组织所设立的会馆结合在一起的会馆天后宫,即供奉妈祖的宫庙被包含在会馆之中,或者说,华人所设立的会馆都兼具供奉妈祖的职能。这与明清时期国内的闽粤商人会馆有着相似之处,这一类数量比较多。马来西亚的华人华侨绝大部分以经商为生,他们初到马来西亚时往往通过同乡联合等方式凝聚在一起,成立同一籍贯的会馆,为同乡提供交流的空间,而会馆里供奉的妈祖则成为身处异域的中国人联系的纽带。会馆天后宫通常有着馆址同一、管理人员重叠等特点。如马六甲兴安会馆天后宫,该会馆于1946年迁至武牙拉也街后,成立了天后宫福联坛,以负责宫务管理。1995年以后,会馆及天后宫在组织结构上同时存在会馆理事会和天后宫理事会两个组织单位,二者的人员也是重叠的。[①] 会馆与宫庙管理人员的重叠,充分说明了会馆与天后宫的运作息息相关,宫庙依凭于会馆,而会馆也参与宫庙建设。

(二)马来西亚妈祖宫庙保留了中华传统的儒释道融合的特征

作为马来西亚华人的重要民间文化,妈祖文化主要的载体妈祖宫庙常体现了儒释道融合的特征。妈祖文化传说中将妈祖的出

---

① 苏庆华、刘崇汉:《马六甲天后宫大观》第一辑,吉隆坡:雪隆海南会馆天后宫,2007年,第175页。

生归功于佛教观音菩萨的"赐福",故而在马来西亚的许多供奉妈祖的宫庙中常能看到主祀妈祖陪祀观音,或者主祀观音陪祀妈祖的情况。从造像形象上来看,马来西亚宫庙中的观音与妈祖也十分相像。在马来西亚不少陪祀乃至主祀妈祖的宫庙是由佛教僧人或道教道士住持和管理的。此外,马来西亚大多数妈祖宫庙中常出现妈祖信仰与林龙江、关公、保生大帝、清水祖师、水尾圣娘等民间信仰相互交杂的现象。如马六甲兴安会馆天后宫主祀天后圣母及随从千里眼、顺风耳,陪祀三一教主林龙江、上阳卓真人、福德正神及道济天尊。马六甲青云亭主祀观音,陪祀关帝和妈祖。[①] 海南会馆天后宫主祀妈祖,同祀海南的地方俗神水尾圣娘(又称南天夫人)等。在马来西亚有些妈祖宫庙还与祖先崇拜结合起来,安置祖先灵位,在祭拜妈祖的同时开展祭祀祖先活动,如槟榔屿琼州会馆天后宫、三合港琼州会馆天后宫、关丹海南会馆天后宫、居銮海南会馆天后宫、麻坡海南会馆天后宫、淡边海南会馆天后宫、马六甲福建会馆天后宫等,这也是传承发展儒家文化的充分体现。

(三)马来西亚妈祖信俗活动体现族群地域文化

在马来西亚,无论会馆天后宫还是民间性质天后宫都往往与华人方言族群信众相结合,与这些信众从家乡带来并传承的地域文化相结合。在妈祖天后日常祭祀和节日祭典的方言使用、礼俗与道德行为方式、祭拜方式、祭品、诵经用语及配合的演大戏、祭典表演等方面,都采用大家认同的从原籍家乡带过来的方式进行。如由海南人创办及管理的雪隆海南会馆天后宫就具有较为鲜明的海南地域信俗特征,其主祀妈祖天后,陪祀海南人最重要的原乡保

---

① 李天锡:《福建民间信仰在东南亚的传播及其影响》,《华侨大学学报(哲学社会科学版)》1998年第1期,第120～125页。

护神明之一的水尾圣娘,祭品为海南人特有的菜肴和糕点,仪式为典型的海南地域风格,天后宫理事与会员之间的沟通常用海南方言。由潮州人住持杨秀英创办的吉隆坡天后古庙是一座具有典型潮州人信俗特征的民间华人宫庙,其信众以潮州人移民为主,宫庙祭祀仪式所采用的"金斗"供品、潮语诵经和点七星灯祈福等,具有典型的潮州族群祭拜信俗特色。由莆田人移民建立和管理的吉隆坡妈祖庙是具有莆田地域信俗特征的民间性质宫庙,其选用在莆田老家定做的妈祖神像,采用湄洲妈祖祖庙的祭礼仪式,聘请来自莆田的法师,用莆田话来诵经等,体现浓郁的莆田地域文化。这种与族群地域文化融为一体的妈祖文化传承发展对信众有较强的凝聚力。

(四)马来西亚妈祖宫庙成为当地华人精神家园和事务处理中心

马来西亚妈祖宫庙是当地华人华侨敬奉妈祖、祈愿颂祝的场所,也是他们心灵抚慰与精神寄托的地方,成为身在异乡的他们的精神家园。各妈祖宫庙为祭祀妈祖而举办的庙会、巡游等信俗活动以及配套的各种文娱活动,极大地丰富了华人的文化生活和精神生活。与此同时,马来西亚妈祖宫庙还是当地华人华侨联络宗亲,团结起来争取华人群体话语权、订立社群内部规矩的重要集会地,是讨论处理当地华人族群事务的中心,在华人华侨的公共事务中起到重要作用。如槟城琼州会馆天后宫1901年设立的《琼州会馆迁建碑》中提道:"同馆兄弟,宜循规蹈矩,不许争端。如雀角不平者,投本馆同众公议是非。若恃同群依势力,不遵众断者,当众除名重责,以整玩风。或香公传名,刁抗不到馆者,自知是非,当众仍重责除名。"①可见妈祖宫庙在华人社群管理上所承担的管理机构的职能。从这点上看,妈祖文化在马来西亚华人社群中已经不仅仅是一种民间文化,更是一种世俗规范的象征,约束着马来西亚华人的日常行为,具有道德和规范的双重指向作用。

(五)马来西亚妈祖宫庙兼具慈善与文化教育功能

马来西亚多数妈祖宫庙带有丧葬嫁娶、赈济洽贷、医院学校等功能,常积极开展慈善救济活动,用实际行动弘扬妈祖"救世济民""度人于苦难中"的大爱精神。如马六甲青云亭就创办了慈善机构同善堂,为当地华人华侨代为办理丧葬事宜、清明祭祀及其他慈善事务等。槟城琼州会馆天后宫创办了回春所,目的如宫中保留的一块制作于1917年的《回春所重建捐缘碑》所言:"吾国古籍有出入相友、守望相助之训,所以示人爱群也。人能爱群,则推其心为慈善事业,竭其力以尽救灾恤邻之义,诚无微不至矣。吾琼人士侨槟者众,万里海天言旋非易。一旦不测,势将无依。此所以有回春所之设,以便吾琼侨。兹敦梓桑睦谊,表示爱情也。"马来西亚多数妈祖宫庙热衷于支持华文学校,通常都是以独立兴资办学或以慈善名义资助学校,大力支持并发展华文教育。如马来西亚雪隆海南会馆,在1918年至1956年间一直作为侨南学校的校舍存在。二战以后由于校舍不足,侨南学校的主办者及管理者雪兰莪琼州会馆甚至决定自己改建馆宇,以便为侨南学校增辟教室。② 马来西亚马六甲兴安会馆天后宫,设立了马币100万令吉的"兴安天后宫教育基金",为家境贫寒的各籍贯和各种族学子提供大学奖助学

---

① 林希:《论马来西亚的妈祖宫庙及其信仰文化特色》,《莆田学院学报》2013年第4期,第7~10、33页。

② 林希:《论马来西亚妈祖宫庙与华文教育》,《莆田学院学报》2015年第1期,第22~26、38页。

金,同时每年还举办弘扬妈祖文化的祭典(包括神诞及妈祖升天祭典等)、经典学习和历史文化讲座,并不定期出版或流通相关的特刊、画册和光碟等。①

(六)马来西亚妈祖宫庙呈现多方言族群和非华人信众参与的发展趋势

随着马来西亚社会的发展和与中国交流往来的次数增加,华人社会中的方言族群的界线逐渐模糊,一些妈祖宫庙出现多方言族群和非华人信众参与的现象,并成为发展趋势。如柔佛州哥打丁宜天后宫,原先为潮州人创建和管理,伴随着当地橡胶业和锡矿等产业的发展,不同方言族群的华人陆续移入该地,自 20 世纪 70 年代始,天后宫的妈祖祭祀、巡游、庙会等信俗活动,就改为由海南人、潮州人、福建人、广府人和客家人轮流负责。② 彭亨州淡马鲁天后宫不仅吸引了不少外地信众参与,还吸引印度裔信徒定期前来参加。③ 文德甲天后宫也常见定期前来祭拜的当地印裔信徒。④ 槟城顶日落洞网寮山海宫修建时,就有两位印度裔信众捐钱资助。⑤

---

① 刘崇汉:《会馆天后宫与妈祖文化——以马来西亚两座天后宫为例》,《2016年国际妈祖文化学术研讨会论文汇编》(上),2016 年,第 146~153 页。

② 苏庆华、刘崇汉:《马来西亚天后宫大观》第二辑,吉隆坡:马来西亚雪隆海南会馆妈祖文化研究中心,2008 年,第 75 页。

③ 苏庆华、刘崇汉:《马来西亚天后宫大观》第二辑,吉隆坡:马来西亚雪隆海南会馆妈祖文化研究中心,2008 年,第 118 页。

④ 苏庆华、刘崇汉:《马来西亚天后宫大观》第二辑,吉隆坡:马来西亚雪隆海南会馆妈祖文化研究中心,2008 年,第 109 页。

⑤ 苏庆华、刘崇汉:《马六甲天后宫大观》第一辑,吉隆坡:雪隆海南会馆天后宫,2007 年,第 53 页。

六、妈祖文化在印尼：主要特征

妈祖文化在印尼悠久的传播历程中不可避免地融入了当地的文化、宗教因素，从而使印尼的妈祖文化产生了不同于其他地区的特色。

（一）印尼妈祖文化具有浓郁的中国文化特色

印尼妈祖文化是中国传统民间文化在海外的延伸，方方面面都表现出中国文化特色。以妈祖宫庙为例，其建筑样式、规格，楹联、牌匾内容都与中国传统文化一脉相承。民丹岛丹绒槟榔市天后宫大殿入门后挂有楹联"显迹湄洲航海梯山同庇荫，光辉南岛华民异族共沾恩"，具有浓厚的中国文化气息，而且该联是由华人出资专门前往中国制作篆刻的。[①] 以供奉的妈祖神像为例，众多宫庙的神像都是在中国制作或者从中国分灵而去的。爪哇岩望龙目街的慈德宫 1853 年开始创建，1856 年专门从中国定制天后、观音、土地公与伽蓝菩萨塑像。[②]

中国的宗教信仰中，有着明显的三教合流特点，即儒释道三者融合。这种趋势自宋元以来就开始显现，故各宫庙中普遍出现佛教菩萨、道教神仙、儒家孔孟合祀之现象。这种特点在印尼的妈祖宫庙中亦有体现。在以妈祖为主神的宫庙中，都陪祀有其他神明。如泗水福安宫主祀天上圣母，陪祀福德正神、广泽尊王、哪吒、关帝

---

① 黄海山：《印尼民丹岛丹绒槟榔市天后宫及其文物》，《妈祖文化研究》2018 年第 3 期，第 28～29 页。

② 陈名实：《印度尼西亚、新加坡、泰国妈祖庙考略》，《妈祖学刊》2014 年第 2 期，第 110 页。

与韦驮。[①] 南旺慈惠宫主祀天上圣母,陪祀福德正神、广泽尊王、中坛元帅和陈黄二公。[②] 丹绒槟榔市天后宫陪祀有伽蓝菩萨、大伯公、千手观音、注生娘娘、太上老君、清水祖师与关公等。[③] 同时,也有众多以妈祖为陪祀神的宫庙存在。井里汶市港口街的潮觉寺主祀观音,但也奉祀天后、伽蓝菩萨、玄坛公、福德正神、关圣帝君和地方神郭六官等。[④] 又如三宝垄大觉寺主祀观音菩萨、弥勒佛、药师琉璃光佛等,陪祀神祇有天后圣母、保生大帝、小三宝、福德正神、城隍爷、关圣帝君、中坛元帅、广泽尊王等。[⑤]

中国民间宗教有一个重要特点,即将凡人加以神化,如关羽、妈祖、广泽尊王等莫不是如此。华人华侨将民间信仰传播至海外的同时也将此特点加以移植。锡江天后宫除主祀妈祖外,还陪祀有哪吒、玄天上帝等,其中最为特殊的陪祀神祇是三姑。据载三姑系该地信众区阳宝琼,可能是由于品德高尚、生前积善等,于1967年去世后被当地华人当作神灵供奉在妈祖宫庙中。[⑥]

(二)妈祖文化与印尼当地文化相融合

妈祖文化在保留着浓重的中华民族特色的同时,也与印尼当

---

① 周南京编:《华侨华人百科全书·社区民俗卷》,北京:中国华侨出版社,2000年,第362～363页。

② 李天锡:《试析印度尼西亚华侨华人的妈祖信仰》,《东南亚纵横》2009年第6期,第65页。

③ 许婷婷:《后苏哈托时期印尼华族宗教信仰的复兴与影响:以民丹岛华人庙宇为例》,厦门大学硕士学位论文,2018年,第34页。

④ 周南京编:《华侨华人百科全书·社区民俗卷》,北京:中国华侨出版社,2000年,第187页。

⑤ 周南京编:《华侨华人百科全书·社区民俗卷》,北京:中国华侨出版社,2000年,第327页。

⑥ 周南京编:《华侨华人百科全书·社区民俗卷》,北京:中国华侨出版社,2000年,第429页。

地文化相融合,甚至为印尼民众所认同,成为他们共同的宗教信仰。在印尼,妈祖有着独特的称谓,即"女大伯公"。所谓"大伯公"指的是在印尼经历开荒而未罹难的华人华侨。东南亚地区因地处热带,"草木茂盛潮湿,毒蛇猛兽甚多,往往或病或死,有些侨民如有不死而能保存者,实属幸之又幸。此种开荒不死之人,此后他人即名之为'开山大伯'。再加上一个公字者,实表示尊敬之意。所以在印度尼西亚,华侨对于土地神皆称为'大伯公'"①。之后,印尼华人华侨对于"大伯公"的信仰逐步扩大化,把众多神明(如保生大帝)都称为"大伯公",妈祖由于是女性故被称为"女大伯公"。此种称谓的使用表明妈祖信仰同印尼华人华侨的生活是紧密相连的,与生存环境相调适。

妈祖文化不仅与华人华侨密切相关,更传播到了印尼当地民众当中。泗水福安宫中陪祀有"难近母",也称"杜尔迦女神",是印尼当地民众崇信的印度教女神。她既是湿婆的妻子,又是印度教雪山神女的化身,还是一个相对独立的女神——降魔女神;她是性力派崇奉的主神之一,也是印度教中信徒较多的神祇之一。② 然而,华人华侨却认定"她是观音菩萨的化身"③,故而将"难近母"陪祀在妈祖庙中。这也反映了妈祖文化与印尼的印度教文化相互融合的特点。东爪哇惠荣宫于1896年竣工,在翌年所立的《惠荣宫序兼乐捐碑》中记有"乐捐者中有荷兰人缎媚临(Tuan Willem)和棉尝远,共捐八百盾"④。由此可推断,在清末时妈祖信仰就在当地的荷兰殖民者中产生影响,深入当地民众的生活当中。

---

① 陈达:《南洋华侨与闽粤社会》,上海:商务印书馆,1938年,第270页。

② 任继愈:《宗教词典》,上海:上海辞书出版社,1981年,第909页。

③ 周南京编:《华侨华人百科全书·社区民俗卷》,北京:中国华侨出版社,2000年,第362页。

④ 周南京编:《华侨华人百科全书·社区民俗卷》,北京:中国华侨出版社,2000年,第280页。

（三）妈祖文化受印尼政治因素影响严重

前文述及，"新秩序"时期因为印尼政府的排华政策，包括妈祖文化在内的中国传统文化都受到打压，导致众多妈祖宫庙被封禁，另有一些宫庙不得不寄人篱下。如民丹岛大坡天后圣庙在此时期就以印尼佛教会的圆觉寺基金会的名义登记造册。在印尼佛教的名义下，大坡天后圣庙周边的空地逐渐发展成为佛教宗教园林，建有露天的千手千眼观音菩萨塑像、释迦牟尼佛祖塑像、四尊西游记场景塑像、济公活佛塑像、杨柳滴水南海观音菩萨塑像、弥勒佛塑像和祥龙吐珠池等。[①] 随着"新秩序"时期的结束，印尼对华人传统文化持包容开放态度，华人华侨又可以自由举行祭祀、庆典活动，传统民间信仰重获新生，废禁许久的妈祖宫庙得以重建或修葺，香火渐趋鼎盛。近年来，因应"一带一路"倡议提出，印尼的妈祖宫庙得到进一步发展，加强了与中国妈祖宫庙间的联系。由于民族主义情结影响，印尼历史上出现的排华风潮与政治风气，深刻影响了妈祖文化的传播，一定程度上形塑了妈祖文化的现状，这是妈祖文化在印尼传播发展的重要特点之一。

七、妈祖文化在菲律宾：主要特征

妈祖文化在菲律宾传播发展过程中，不断在地化，逐渐与当地习俗相融合，形成具有典型菲律宾特色的特点。

[①] 郑炎腾：《印度尼西亚廖群岛省民丹岛的妈祖信仰》，《妈祖文化研究》2018年第 4 期，第 31 页。

（一）受西班牙殖民统治影响菲律宾妈祖信仰以与天主教融合形式开展信俗活动

妈祖信仰在菲律宾的早期传播和发展过程中，深受西班牙殖民统治的影响。1565 年，西班牙人到达菲律宾群岛中部宿务地区建立殖民点，从此开启了西班牙殖民菲律宾时期。为了获得来自中国的丝绸、瓷器、茶叶等商品，西班牙人对华侨采取了双重政策。一方面积极招徕华商前往菲律宾开展贸易。许多华侨抵达菲律宾后，成为住蕃华侨。至 17 世纪初，菲律宾华侨大约已有 3 万人。①另一方面，为了控制华商，西班牙殖民者对华侨采取管制甚至屠杀政策。自 1582 年起，西班牙殖民者便在马尼拉设置"八连"，周围用栅栏围住，严格控制华侨出入，限制华侨生活。张燮将这一状况描述为"蕃酋筑盖铺舍，聚札一街，名为涧内，受彼节制"②。这一区域持续时间达数百年之久，屡次损毁重建，直至 20 世纪 60 年代才渐被废弃。故而早年的菲律宾华侨经常无法得到当地政府的保护，且受到西班牙殖民者在社会、经济、思想文化等方面的控制。为了在菲律宾推广天主教，西班牙殖民者一方面以多种优惠政策诱使华侨皈依。如改皈天主教的华侨可以离开"八连"，自由活动；华侨天主教信徒可以获得与当地土著居民缴纳同等税收、与当地妇女通婚等权利。同时，西班牙殖民者又将当地华侨的民间信俗活动视为异端，予以打压迫害。为此，他们曾经放逐 2070 名不肯改变宗教信仰的华侨。③ 在这样的时代背景下，菲律宾华侨虽被

---

①　黄滋生：《十六一十八世纪华侨在菲律宾经济生活中的作用》，《暨南学报（哲学社会科学版）》1982 年第 1 期，第 14 页。

②　张燮著，谢芳点校：《东西洋考》卷五，北京：中华书局，1981 年，第 91 页。

③　曾少聪：《东洋航路移民——明清海洋移民台湾与菲律宾的比较研究》，南昌：江西高校出版社，1998 年，第 173 页。

迫皈依天主教但并不愿意放弃原本的民间信仰。

因此,在 17 世纪初菲律宾描东岸省建造的天主教堂出现一个奇特现象,即教堂中供奉着一尊身着天主教服饰的神像,当地人称之为"凯萨赛圣母",是为天主教女神;而华侨认为此神像是妈祖,按照中国特有方式烧香祭拜,甚至在祭祀后,按照中国的固有习俗于教堂中办桌请客。每逢妈祖诞辰,在天主教堂内就会出现中西杂糅的祭拜仪式,既烧香点蜡,占卜问卦,又有神父做弥撒;既上演中国传统戏剧,又会在最后一天举行天主教式的花车游街活动。签诗用华文写,神父却用英语、菲语读。①

在菲律宾,除了上述的独特现象以外,妈祖还经常以这种或那种形象同圣母玛利亚联系起来,如把当地旅行航海保护神安智波洛的圣女(Virgin of Antipolo,又称"安蒂波罗女神")同妈祖等同起来。② 达亚社妈祖信仰是宗教融合现象比较典型的案例,不同宗教的神像同摆一个神龛,甚至对于同一神像中国人或菲律宾人却以不同的名号来称呼,以不同或混合的仪式来供奉,这在东南亚比较少见。这说明妈祖信仰在逐渐融合到菲律宾当地的宗教文化中,也是促使妈祖在菲律宾被封为天主教七圣母之一的原因。

(二)菲律宾妈祖信仰的海神功能逐渐淡化,而维系民族关系纽带的功能逐渐突出

妈祖原是海上保护神,人们相信妈祖可以庇佑自己在茫茫大海中平安顺利、化险为夷。对于背井离乡的菲律宾华侨来说,由于初到异国他乡,周围环境、文化都与自己的原生文化截然不同,华

---

① 汪欢:《历史地理学视野下的菲华文化研究(1571—1945)》,暨南大学博士学位论文,2015 年,第 90 页。

② 陈衍德:《现代中的传统——菲律宾华人社会研究》,厦门:厦门大学出版社,1998 年,第 221 页。

侨面临着如何适应新环境、谋求生存发展的问题。人们迫切需要的是可以团结人心，增强凝聚力，寄托对故土思念之情的神明。于是妈祖信仰的功能在向菲律宾播迁的过程中发生变化，其海神功能逐渐淡化，而维系民族关系纽带的功能却逐渐突出。妈祖在菲律宾华侨社会中不仅仅是一尊神像，而且是来自故土的情感寄托与获得侨居地同乡认可的重要媒介。前往菲律宾的华商登岸之后，往往将船上供奉的妈祖神像请到岸上供奉，他们最初搭建的住所也具有供奉神祇的功能。随着人力、物力渐丰，当地华侨往往将自身取得的成就归功于神灵庇佑，对于酬神活动向来慷慨捐资。当地宫庙的规模亦随之扩大，逐渐成为同乡聚会的场所和村落社区议事的舆论中心，同时还具有救济弱者、接纳新成员的功能。随着移民增多，逐渐建立起基于地缘性、血缘性、业缘性的组织，各类同乡会、宗亲会、同业公会等相互扶持的组织由此形成。神缘成为早期菲律宾华侨纠合结社的最重要催化剂。

（三）妈祖文化在菲律宾的传播呈现出功利实用性特征

菲律宾华人华侨大多来自闽南地区。自明朝中叶之后，闽南人大量前往南洋地区，其最初目的是谋生，普遍以经商为业。在菲律宾华侨社群中，经商逐利被视为正途，这一功利性态度在面对妈祖神祇时亦有所体现，他们希望从家乡请来奉祀的妈祖能够对自己有所助益。因此，他们赋予了妈祖信仰新的功能，即妈祖成了维持华人社会的商业竞争秩序和规则，以及庇佑华商事业顺利和生意兴旺的"财神"。此外，华侨出于实用的功利目的，往往同时祭祀多个神祇，期盼实现祈福禳灾、趋利避害的夙愿。除了奉祀妈祖之外，华侨往往还将临水夫人、广泽尊王、观音、关帝、保生大帝等源于家乡的神祇一同供奉，多神杂处的现象极为普遍。他们往往将数尊不同的神像，甚至十多尊神像供奉于当地宫庙之中。另外，许多华侨抱着等价交换的实用态度,不仅对从故土而来的妈祖加以祭祀,而且对具有异质性的当地天主教神灵一并祭拜。洪玉华认为,菲律宾华人社会所信奉的神灵"可以有种种化身,问题只在于必须灵"①。对宫庙住持而言,将妈祖等诸神一并奉祀的目的在于满足信众的各种需求,从而吸引更多信众前来。描东岸市的妈祖宫庙,为了吸引信众,融合了东西方文化的元素。妈祖庙中有龙、拱门、石柱等代表中国传统建筑风格的雕饰,又有身披天主教传统服饰的妈祖神像。② 这一文化融合的载体就呈现出典型的功利实用性特征。

(四)菲律宾妈祖文化反映了海峡两岸同根同源的文化特质

菲律宾北隔巴士海峡与我国台湾遥遥相对,因此台湾地区与菲律宾的往来自古有之。现当代菲律宾华人华侨中也有不少人来自台湾地区,两地民众往来频繁。众所周知,台湾同胞十分崇祀妈祖,因此,菲律宾有部分妈祖宫庙是由台湾同胞或台籍华侨把祖籍地的妈祖移驾或分香、分身、分炉,随其船抵达菲律宾而建立的,如1978年落成的菲律宾隆天宫便是因奉祀台湾同胞赠予的妈祖雕像而兴建的。十年之后,菲律宾宿务当地的华人又在贝维里尔山麓修建起妈祖庙祭祀从北港朝天宫分灵而来的妈祖神像。这些反映出妈祖文化不仅在大陆移居菲律宾的华人华侨中具有广泛的影响力,而且对从台湾地区移居当地的华人华侨同样具有感召力,体现了我国海峡两岸同根同源的文化特质。

---

① 洪玉华:《宗教的融合》,菲律宾华裔青年联合会编:《融合:菲律宾华人》,马尼拉:菲律宾华裔青年联合会,1990年,第238页。
② 刘润元:《菲律宾华人民间信仰调查研究——以马尼拉华人区为中心》,华侨大学硕士学位论文,2020年,第59页。

八、妈祖文化在泰国:主要特征

妈祖文化传播到泰国后,经过数百年的传播发展,与泰国当地文化相融合,在保留中华文化特色的同时,也呈现出明显的地域性,体现出妈祖文化在泰国具有强劲的生命力和凝聚力。

(一)泰国妈祖信众的广泛性

在泰国,只要是有华人华侨的地方,就能看到妈祖文化的影子,上至达官贵人、下至平民百姓,都有妈祖信众。早期在泰国谋生的华侨主要从事五个方面的工作:一是从事农业种植;二是当苦力,主要在港口码头为外国公司搬运货物,为碾米厂搬运大米,或者在火车站当搬运工;三是当人力车夫;四是当小商贩和手工业者;五是受雇于泰国政府机关,在税务厅、航海运输厅等机构中任职。① 经过努力奋斗,泰国华人华侨在这些岗位上逐渐发展起来,现如今许多华人华侨甚至成为巨商大贾、政府高官,故而使得妈祖信众遍布泰国各行业与阶层。由于泰国对华人与当地人的通婚持开放态度,故而华人渐渐与当地人融为一体,华人的分布也日渐分散,同时也吸引众多泰国当地人成为妈祖信众。

(二)泰国妈祖文化的杂糅性

杂糅是中国传统宗教信仰的重要特点之一,即儒释道与民间信仰融为一体,难以区分。泰国华人华侨的妈祖信仰继承了此一

---

① 马丽娜:《泰国华人妈祖信仰——跨族群的交际》,广西民族大学硕士学位论文,2016 年,第 18 页。

特点,故而妈祖宫庙中会陪祀其他神祇。如曼谷七圣妈庙主祀妈祖,左右陪祀龙尾爷和慈悲娘娘;曼谷新兴宫主祀妈祖,左右陪祀神明为本头公和观音菩萨。相应地,主祀其他神祇的宫庙亦会陪祀妈祖。如玄天上帝庙中陪祀神有天后妈祖、清水祖师;顺福宫主祀泰国当地的土地神"属府王爷",陪祀神则有观音和妈祖。此种杂糅性最为典型的例子当属普元堂。普元堂建于1899年,为中国传统佛寺的三重院式,主祀弥勒佛,另外陪祀的佛教神祇还有佛祖、观音菩萨、四大天王、黄梅五祖、达摩祖师、韦驮、伽蓝菩萨等;陪祀的道教神祇有监斋使者、关圣帝君、文昌帝君、地母娘娘、老子、城隍爷、北斗星君等,另外还陪祀天后圣母、注生娘娘等。更为特殊的是,普元堂还供奉开山祖师庄运泉等人的照片及祖先牌位数百个。经统计,普元堂所供奉的包括妈祖在内的佛道神祇达22尊,充分体现了中国儒释道共祀一庙的宗教传统和妈祖文化的杂糅性。[①] 此点也是妈祖文化得以传播发展的一个重要原因。

(三)泰国妈祖文化的在地化

妈祖文化在保留中国传统特色的同时,也与泰国文化相融合,与泰国本土信仰相适应。在中国,妈祖信仰更偏重于道教属性,但由于泰国举国信奉佛教,故泰国的妈祖信仰就偏向于佛教。如祭祀仪式、祭典活动多是佛教式的,妈祖圣诞会请僧人念经诵佛,甚至泰国的妈祖传说都加入了佛教色彩。泰文典籍《那罗延十世书》出版于1923年,其中就记录了泰国版的妈祖传说:

---

① 李天锡:《潮汕籍华侨与泰国华侨华人的妈祖信仰》,《莆田学院学报》2008年第1期,第82页。

一次大自在天与优摩（大自在天之妻）游于海,骑神象（Hera）,那罗延骑龙（Naga）,其他仙及仙女骑鱼或兽随之。海中之虾闻仙侣来游,即向优摩呼吁,谓各种水族,均有护身之利器,或牙或獠牙,身有骨鲠,故强而有力,虾则仅有肌肉,外壳亦甚软薄,常受其他水族之欺凌,被噬食无宁日,而至虾有绝种之虞,祈优摩赐虾以二锯形物置于头部,双面须锋利,凡有敢噬虾者,入其腹即锯截其腹而出,勿为其充腹之粮。优摩许之,但嘱虾必食腐死之物。虾类自得优摩之赐予福禧,于是子孙繁传益盛,但因生产过盛,粮食有不足之虞,欲食生物,则恐有违优摩之旨,虾遂与鰕商量,鰕即谓若我有锯在头,何恐饥饿。虾闻言大喜,即与鰕相通"婚姻",于是子孙又更繁殖,虾与鰕遂形相同。鰕即设计,凡遇华人之帆船往来,以锯锯船底,破之,船沉于水,不习水性之华人多溺毙,虾即以锯锯断死尸之首,以首分与鰕,虾得身,以尽一饱,自是虾遂食量充足。华人受此灾祸,大感痛苦,乃向妈祖（天后）诉苦。妈祖则谓虾之利具,为上帝所赐,上帝为一天之主,为吾辈之长者,吾不能有所为也。华人船夫等闻言,大恸,每于行船时必祀妈祖,并哀求庇佑。妈祖怜之,乃谓你辈商人,今可往取红绸香烛等来,以便请各仙来议事,以谋设法善后。船夫遂捐款购金花红绸香烛等物,以献妈祖。妈祖即遣其二将千里眼与顺风耳携往八方拜祀。八方神仙及十八罗汉均至,妈祖告以华人船夫受难事,各神仙即议上奏大自在天与优摩。及缮呈已竣,以交妈祖。妈祖即携往奏于大自在天。大自在天闻悉,即谓虾鰕不过使用权生于水中,为其他水族之侣而已,何得猖獗如此,乃令亚难陀往剿。亚难陀在海中兴波作浪,鱼类等大惊,虾与鰕自知有罪,更惧。阿难陀将已沉之船,尽予捞起,又宣布虾鰕之罪状,即以船形黏虾之两颊,使永沉水底,不为人祸，又减小其锯及尾，使仅能护身，于是行船者遂安然无事云。[1]

妈祖信仰在地化还表现在春武里府挽盛萨姆山上的海东妈天后宫的建立。天后宫之所以建在萨姆山上，是因为这里的泰国民众信奉萨姆山女神（Chao Mae Khao Samuk）、盛汉海神（Chao Pho San）。相传此处之前是渔村，村里有个叫萨姆（Samuk）的姑娘同邻村酋长的儿子盛汉（San）相爱。但是盛汉因父亲包办婚姻而不得不另娶他人，萨姆伤心欲绝跳崖自尽，盛汉得知后亦随之跳海殉情。时人为了纪念他们的忠贞爱情，便将萨姆跳崖的山命名为萨姆山，将盛汉自杀处命名为盛汉海滩，同时建庙供奉。因为二人死后经常显灵，故此处的渔民出海时就祭奠他们以祈求保佑，久而久之当地泰国民众便尊他们为海上保护神。华人华侨到来后，看到当地盛行的海神信仰同妈祖的海上保护神身份有相通之处，故特意在此择地建庙。事实上，妈祖信仰同当地的信仰文化融合度甚高，因为当地民众亦称妈祖为萨姆山女神。[2]

这种在地化对于促进两国人民的融合发展具有重要意义，以至于泰国王室也不敢忽视妈祖文化的作用。1911 年，泰王拉玛六世巡视洛坤天后宫，并赐铜香炉，上刻铭文"天宾庆荷"。[3]

---

[1] 陈棠花：《泰文典籍中之天后神话》，《南洋学报》1941 年第 2 期，第 481 页。

[2] 范军：《妈祖信仰的跨域传播与衍变——以泰国妈祖信仰的多元宗教文化融合为例》，《闽台缘文史集刊》2019 年第 2 期，第 61 页。

[3] 段立生：《泰国的中式寺庙》，曼谷：泰国大同社出版社有限公司，1996 年，第166 页。

小　结

通过上述对妈祖文化在日本、韩国、越南、新加坡、马来西亚、印尼、菲律宾、泰国等国家传播发展主要特征的分析归纳,可以发现妈祖文化在"海丝"沿线国家的传播发展主要有以下一些特征:

一是从中国传过来的妈祖信俗活动在所在国积极进行在地化演变,适应所在国生活环境。如妈祖文化传入日本后,就积极与日本神道教、佛教文化相融合,形成具有日本特色的妈祖信俗活动。妈祖文化传入越南后,与越南民间信仰、佛教文化相融合,产生了具有越南地方特色的祭祀、庙会、节日等妈祖信俗活动。妈祖文化传入菲律宾,为适应菲律宾天主教宗教环境,与天主教融合发展,出现身着天主教服饰的妈祖神像和糅合了天主教仪式的妈祖祭祀仪式。

二是妈祖文化虽然出现在地化演变,但核心内涵和所包含的中华儒释道文化依然得到传承与发展。大部分国家妈祖信众主要是华人华侨,他们大多保留了从家乡传播过来的妈祖宫庙建造格局、多神糅合供奉崇祀形式、妈祖祭祀仪式、妈祖节日庙会活动等习俗,带有浓浓的中国传统文化特征。近年随着"妈祖下南洋·重走海丝路"活动和妈祖宫庙庙际交流逐渐增加,各国妈祖信俗活动形式和内容学习模仿湄洲妈祖祖庙,更具中国文化特征。

三是妈祖文化传播发展常与所在国华人宗乡会馆组织互相促进,共同发展。妈祖文化基本上是伴随华人移民、华商到达所在国,由于人们需要一起商量祭祀仪式及其他事项,共同建设的妈祖庙逐渐成为同乡的聚集地和议事中心。大家在妈祖神缘维系下成立宗乡会馆组织,推进各项事务发展。当然,宗乡会馆组织在发展壮大过程中,也反过来推动了妈祖文化在所在国的不断传播与发展。

四是妈祖文化在所在国影响力与中国国力成正相关关系。明清时期,中国国力强盛,妈祖文化在东亚、东南亚地区影响力巨大,官方使臣互访、民间民众交往皆祈求妈祖护佑航路平安。清末至民国时期,中国国力衰落,妈祖文化影响力也逐步下降,官方往来难以再见妈祖文化身影。改革开放以后,特别近年"一带一路"倡议提出以后,妈祖文化交流逐渐恢复并越来越频繁,妈祖文化影响力也逐渐回升。

五是妈祖信众中出现所在国当地人。如日本东京、长崎天后宫就有部分日本人信众,韩国韩圣宫也有少部分韩国人信众,马来西亚、新加坡、印尼一些天后宫出现当地印度裔信众。越南出现越南人天后宫和越南明乡人天后宫,拥有大量当地越南人和明乡人信众。

第六章　加强妈祖文化在海上丝绸之路
传播发展的对策与建议

通过对"海丝"沿线主要国家日本、韩国、越南、新加坡、马来西亚、印尼、菲律宾、泰国等国的妈祖文化传播发展的历史与现状、机制与路径、主要特征的详细分析,归纳总结了妈祖文化在海上丝绸之路传播发展的相关情况和主要问题。针对这些问题,我们应策划设计新机制与多种路径,来加强妈祖文化在"海丝"沿线国家的传播发展,从而使妈祖文化在服务"一带一路"建设方面发挥更为重要的作用。

一、妈祖文化在日本:对策与建议

长久以来,妈祖文化在远播海外的过程中,让不同文化背景的民众互相沟通和理解,实现文化的交流互鉴,完成中华文化"走出国门与走进民众心里"[1]的目标。在目前"21世纪海上丝绸之路"的全面建设时期,妈祖文化作为我国璀璨文化的"金名片",理应承

---

[1]　林明太:《妈祖文化研究论丛》(Ⅱ),北京:中国文史出版社,2014年,第53页。

担更多的责任和义务,继续为中日源远流长的友好往来充当民间文化交流的先行者,发挥文化纽带和精神桥梁的作用。

(一)挖掘妈祖文化在日本传播交流的历史和遗存,提升妈祖文化在日本的影响力

当前妈祖文化在日本的影响力不如明清时期,但"天下妈祖是一家",从 20 世纪 80 年代后妈祖文化的交流情况看,日本妈祖信众依然对湄洲妈祖祖庙具有较浓厚的感情。因此,可以通过挖掘妈祖文化在日本传播交流的历史和遗存开始,双方开展妈祖文化合作研究和民间交流活动等,不断提升当前妈祖文化在日本的影响力。

具体可以采取以下几个措施:一是推动两国妈祖文化民间社团和宫庙组织通力协作,建立以促进中日妈祖文化传播交流为目的的妈祖文化研究基金,邀请相关学者梳理和挖掘妈祖文化的交流与互动历史及现状,为两国加强妈祖文化传播交流提供理论支撑。二是加强两国高校、研究机构间的经常性联系,定期或不定期举办妈祖文化学术研讨会,如"日本妈祖文化传播与发展学术研讨会""中日妈祖文化交流研讨会"等,相互了解对方的妈祖文化研究动向,提升双方研讨的高度,逐步提炼妈祖文化的核心意涵,促成和而不同的学术繁荣局面。三是鼓励妈祖文化相关的各类民间团体和宫庙组织积极开展两国妈祖文化交流项目,如湄洲妈祖巡安日本活动,日本各地妈祖宫庙回湄洲妈祖祖庙进香活动,中日各地妈祖宫庙或妈祖民间团体相互结成姊妹庙、友好宫庙或友好团体等,通过加强互动往来让更多两国民众加深对彼此的了解,从而消除偏见和误解。四是利用文化与教育交流的渠道,积极组织两国青年开展"中日海洋文化""中日妈祖文化""中日民间信仰"等交流考察项目,联合举办以妈祖文化为主题的文化节、艺术节等,引导

和鼓励两国青年学生认识、了解妈祖文化,为两国间加强合作与交流搭建文化桥梁。

(二)推进妈祖文化产业合作开发,恢复妈祖文化的桥梁纽带作用

针对现今日本妈祖文化多作为旅游资源进行开发的情况,可以通过推进两国以妈祖文化旅游联合开发为核心的产业合作,有效弘扬妈祖的大爱、和谐、包容等理念,恢复妈祖文化的桥梁纽带作用,增强民间友好往来,最终达到"以民促官"的功效。因此,首先,两国旅游企业和妈祖宫庙等单位应联合起来开发妈祖文化资源,积极将妈祖文化与旅游产业进行有效融合,开辟"中日妈祖文化"旅游线路,打造妈祖文化旅游精品,吸引全世界的妈祖信众、喜欢妈祖文化的游客开展中日妈祖文化观光旅游。其次,两国文化企业可以合作对日本妈祖文化资源比较丰富的地方,如长崎、横滨、东京等地的妈祖文化遗存进行系统整理,建设妈祖文化景区、妈祖文化公园、妈祖文化创意园等,通过文化资源的科学重组与创意开发,为全球妈祖信众提供具有日本特色的妈祖文化旅游产品。最后,两国妈祖文化社团可以共建妈祖文化场馆,开展妈祖文化联展,共同致力于增进民众对于妈祖文化的认知和了解,唤起两国人民对妈祖文化友好交流的记忆,提高妈祖文化的旅游吸引力,推动妈祖文化旅游合作发展,从而提升两国民心相通和文化交融的水平。

耶鲁大学教授芮乐伟·韩森认为,丝绸之路之所以改变了历史,在很大程度上是因为在丝绸之路上穿行的人沿途播下了文化

的种子。① 人类文明交流的要素不少,但温和的文化交流才是丝绸之路连绵不绝的内在动力。因而,要推动中日共建"21 世纪海上丝绸之路",可充分利用妈祖文化的作用,以妈祖文化为纽带,通过两国民众关于妈祖文化的历史记忆,秉持与邻为善的包容性发展精神,理性思考双边交流模式的改进策略,持续加强两国合作的力度,促成中日睦邻友好的外交局面,完成民心相通的当代课题,实现共同发展。

二、妈祖文化在韩国:对策与建议

"一带一路"倡议提出后,世界上许多国家纷纷响应,作为我国邻居的韩国也积极参与。妈祖文化作为"海丝"沿线国家联系的文化纽带,作为中韩之间从古到今都有较多交织的文化载体,在共同建设"一带一路"方面可以发挥重大作用。因此,应采取措施加强中韩间妈祖文化的传播与交流。

(一)加强中韩妈祖文化学术交流,提升韩国民众对妈祖文化的了解

明朝,朝鲜使臣往来中国 1200 多次。他们中很多是当时知名的文人和政客,在经停庙岛和海城等地时写下了一大批与妈祖文化有关的诗咏和文章,其中比较有名的是:郑梦周的《沙门岛》、权近的《九月初二发船,泊沙门岛待风》、金尚宪的《祭天妃迎送曲》、李于明的《沙门岛待风》《又题,用登州韵》、李詹的《旅顺行》、李崇

---

① 芮乐伟·韩森:《丝绸之路新史》,北京:北京联合出版公司,2015 年,第297 页。

仁的《沙门岛偶题》《天妃庙》《天妃庙次韵》、吴天坡的《泊庙岛》、姜希孟的《送权御使健观光》、洪贵达的《重建天妃庙》、赵宪的《东还封事》、洪翼汉的《花浦先生朝天航海录》等。① 这些名人佳作记录、传播、传承着妈祖文化，既是十分珍贵的妈祖文献，也是中韩关系源远流长的历史见证。另外，据韩国学者李钟周等研究，韩国不少地方的海神信仰与历史上中韩间频繁往来带回的妈祖信仰有一定的关联。因此，中韩相关学术研究机构应加强合作研究，共同举办诸如"明代朝鲜使臣诗文文献与妈祖信仰文化研究""韩国海神信仰与中国妈祖信仰研究""中韩海洋文化与妈祖信仰"等学术研讨会，邀请知名媒体给予广泛的报道，吸引相关学者、学生、民众等参与，提升韩国民众对妈祖文化的了解，重新唤起他们对妈祖文化友好传播交流的历史记忆。

（二）建立与韩国妈祖宫庙的民间联系，共同开展活动以提升妈祖文化在韩国的影响力

"世界妈祖同一人，天下信众是一家。"近几年在中华妈祖文化交流协会和湄洲妈祖祖庙等有关单位的大力联络推广下，世界各地的妈祖信众和社团组织相互间建立了横向联系，共同弘扬妈祖文化。"天下妈祖，祖在湄洲。"世界各地的妈祖宫庙基本上认同湄洲妈祖祖庙是妈祖信仰的发祥地，它们及其信众常择机前往祖庙进香或乞火分香，祖庙也通过各种方式与它们建立了紧密的相互联系，共同提升妈祖文化的影响力。现在韩国的妈祖宫庙组织和信众与中国台湾的慈明宫联系紧密，与湄洲妈祖祖庙还没建立联系，可以通过台湾妈祖联谊会牵线搭桥，推动祖庙与韩国妈祖宫庙

---

① 刘福铸：《朝鲜汉文诗文集中的妈祖史料》，《妈祖文化研究》2017 年第 1 期，第 89～102 页。

建立联系,邀请它们前来湄洲岛参加各类妈祖文化活动,或与它们共同开展妈祖文化活动。另外,据统计,韩国大多数华侨来自山东省,山东省妈祖文化交流协会、青岛妈祖联谊会,或山东各地妈祖宫庙可通过当地侨联组织与韩国妈祖宫庙建立联系,提升妈祖文化在韩国的影响力,从而助力中韩民间文化交流和民心相通。

(三)开展妈祖文化遗产保护和旅游开发合作,为中韩共建"一带一路"服务

妈祖文化是中韩两国共同的历史文化遗产之一,在两国悠久的历史交流中留下了众多遗存,如中国的山东蓬莱、浙江宁波、辽宁长山群岛和韩国的仁川、釜山、古今岛、济州岛等区域均是历史上中韩海上丝绸之路的重要节点,是古船起航、抵岸或靠泊的重要港口码头,是妈祖文化传播的重要中转站。中韩两国有关机构可以围绕妈祖文化的传播交流,在中韩古代海洋文化交流、宗教交流、海洋贸易、航海路线等方面开展合作研究,共同探索中韩海上丝绸之路文化遗产保护的合作模式。同时,妈祖文化是东亚海洋文化的典型代表,以其为内涵的海洋文化旅游开发是文化产业开发的重要组成部分。上述相关区域都是海洋旅游资源和妈祖文化遗产异常丰富的地区,可以对世界妈祖信众旅游市场产生很强的吸引力。因此,可以合作推出中韩妈祖海洋文化旅游品牌,开发中韩妈祖海洋文化邮轮旅游线路,共同举办"中韩妈祖海洋文化旅游节""中韩妈祖海洋文化博览会"等活动,实现中韩海上丝绸之路文化遗产保护与海洋文化旅游发展的相互促进,为中韩共建"一带一路"服务。

三、妈祖文化在越南：对策与建议

当前,加强中越妈祖文化的传播交流,对于促进中越民心相通,推动双方共建"21世纪海上丝绸之路"具有重要作用。

(一)广泛与越南各妈祖宫庙和民间团体建立联系

当前妈祖文化在越南还有一定的影响力,有不同的信众族群,相互之间没有较多的联系。现成立的越南妈祖文化董事会可作为桥梁,帮助湄洲妈祖祖庙等各地妈祖宫庙和民间团体与越南华人妈祖宫庙、越南人妈祖宫庙、明乡人妈祖宫庙等建立广泛联系,共享"世界妈祖同一人,天下信众共一家"理念,极力开展双方妈祖文化民间交流活动和学术机构合作研究等,推动中越妈祖文化进行较大规模的交流与发展。

具体可以采取以下一些措施:一是积极邀请越南各地妈祖宫庙参加湄洲妈祖祖庙的各项信俗活动,特别是参加春秋两季的妈祖祭典活动,充分达成"天下妈祖,祖在湄洲"的共识;积极创造条件开展湄洲妈祖分灵越南各妈祖宫庙活动,开展越南各妈祖宫庙回湄洲妈祖祖庙进香活动;时机成熟时,开展类似湄洲妈祖巡安菲律宾、泰国等的巡安越南的活动。二是中越各地妈祖宫庙或妈祖民间团体相互之间可以结成姊妹庙、友好宫庙或友好团体等,让两国民众对彼此有更多的了解,共同践行妈祖"立德、行善、大爱"的精神。三是积极邀请更多的越南妈祖文化研究学者参加在湄洲岛举办的每年一届的世界妈祖文化论坛和其他地方的妈祖文化学术研讨会,以便能更多、更深入地对两国妈祖文化传播交流的历史与现状进行研究。四是可以创造条件让两国相关高校、研究机构建立学术合作关系,定期或不定期共同举办妈祖文化专题研讨,了解对方的妈祖文化研究动向,提升双方妈祖文化研究学术交流的高度,逐步促成和而不同的妈祖文化学术交流与发展的繁荣局面。

(二)积极发挥妈祖文化在促进中越民心相通方面的重要作用

越南北部、中部、南部不少妈祖宫庙会馆是历史古迹,是当地重要的文化资源和旅游景点,可以通过合作开发两国的妈祖文化产业,发挥妈祖文化在促进两国民间交流交往中的重要作用,增强两国民间友好往来,促进两国民心相通。

为此,首先,两国妈祖宫庙和相关文化企业等单位可以联合起来将妈祖文化与旅游产业、影视产业、工艺美术产业等进行有效融合开发,开发诸如"中越妈祖文化联合旅游路线"和妈祖文化主题的神话电影、电视连续剧、动漫等影视作品及木雕、石雕、绘画等工艺美术作品,吸引全世界尤其中越两国的妈祖信众和喜欢妈祖文化的游客来旅游观光和消费购买。其次,两国文化企业可以共同对越南胡志明市、湄公河地区有较高历史价值的华人天后宫、会馆和独特的越南人、明乡人天后庙等文化资源进行科学的系统整理与创意开发,建设妈祖文化公园、妈祖文化创意园、妈祖文化景区等,为全球妈祖信众提供具有越南特色的妈祖文化产品。最后,越南妈祖文化董事会可以牵头联合两国有实力的妈祖文化社团组织,在胡志明市或湄公河地区共建妈祖文化博物馆或展览馆等,充分展现两国妈祖文化传播交流悠久的历史和美好的未来,共同致力于推进民众对于妈祖文化的重新认知和深入了解,提升两国妈祖文化的交流水平和文化产业合作水平。

综上,在与越南各族群妈祖宫庙和民间团体建立广泛联系的基础上,重拾中越两国民众关于妈祖文化的历史记忆,重新恢复两国间妈祖文化频繁交流的局面,积极发挥妈祖文化的桥梁纽带作用,不断改进双边交流的模式,推进两国间民心相通,为两国共建"21世纪海上丝绸之路"服务。

四、妈祖文化在新加坡:对策与建议

新加坡华人华侨是海上丝绸之路经贸、文化交流往来的参与者、建设者和见证者。多年以来,他们已深度融入新加坡当地社会,他们从家乡带过来的妈祖文化依然保留了中华海洋文化和民间文化的本质特征,成为新加坡华人社会中最重要的民间文化之一。如今,新加坡许多历史悠久的妈祖宫庙已被列为国家古迹,每年举办各种各样的信俗活动。因此,我们应当以妈祖文化为纽带,积极开展中新两国在文化、旅游、商业等领域的多元合作。

(一)增强新加坡侨胞的故土记忆,恢复妈祖文化影响力

在与新加坡侨胞联系交往过程中,要充分发挥闽粤籍华人华侨在新加坡数量庞大、经济实力雄厚、社团众多、影响力较大的优势,以参与"世界妈祖文化论坛"等妈祖文化活动的名义邀请他们回家乡考察访问,向他们展示家乡丰富的历史文化和现代建设变化,增强他们的故土记忆。同时,积极为新加坡华人华侨搭建寻根谒祖的平台,加强与家乡的联系。通过交流来往和对故土记忆的认同,逐渐恢复妈祖文化在新加坡的影响面和覆盖面,从而为中新两国以妈祖文化为纽带共建"一带一路"提供服务。

（二）加大妈祖文化交流力度，增强新生代华侨对妈祖文化的认同感

应当以新加坡各类妈祖宫庙、妈祖社团组织、联谊会为依托，增进中新两国民间的联络与合作，开展诸如"妈祖下南洋·重走海丝路"等丰富多彩的妈祖文化交流活动、信俗活动，吸引新加坡新生代的华裔群体积极参与。通过参与妈祖文化交流活动，充分感受妈祖文化所传递的"立德、行善、大爱"精神和中华传统文化内涵，从而增强对妈祖文化的认同感，自觉成为妈祖文化的传承者。

（三）发展妈祖文化旅游产业，扩大妈祖文化影响力

新加坡发展妈祖文化旅游产业，可以与周边国家的妈祖文化旅游线路进行组合，开发跨国的多主题的妈祖文化旅游产品。发展妈祖文化旅游产业，还能将妈祖文化打造成一张具有新加坡当地特色的文化名片，引领世人更好地了解新加坡妈祖文化，不断扩大妈祖文化的影响力。

总之，妈祖文化作为中新两国人民共同拥有的精神财富，是两国友好交往、和平相处的历史见证，也是古代海上丝绸之路的硕果。当今，应该重新挖掘妈祖文化的价值，以妈祖文化为纽带，大力推动两国人民交流合作，实现民心相通。

五、妈祖文化在马来西亚：对策与建议

妈祖文化是马来西亚华人华侨的精神寄托，也是中马两国人民友好交流、和平交往的象征，为华人华侨与马来西亚当地民众的融合提供帮助，故而可以重新挖掘妈祖文化的价值。

(一)加强中马两国妈祖文化的交流

中国与马来西亚的妈祖文化交流源远流长,双方都保留着不少文化遗存,但对此的开发力度还有待提升。可以从以下几方面通力合作:其一,设立研究基金,为妈祖文化研究提供资金支持,以促进两国间妈祖文化交流。其二,推动双方相关领域的人才建设,努力挖掘共同记忆。其三,鼓励并创造条件开展文化交流项目,举办学术研讨会等,加深民众间的互相了解。除学术会议外,还可建立学术合作关系,定期或不定期共同轮流举办妈祖文化专题研讨活动。其四,两国间的妈祖宫庙可建立机制性的定期联系,如湄洲妈祖巡安马来西亚,马来西亚境内的妈祖宫庙也可前往莆田湄洲岛谒祖进香;两国的妈祖宫庙可以加强互动交流,结成姊妹庙或友好宫庙等。其五,鼓励年轻学生互相交流,举办妈祖文化艺术节、妈祖文化夏令营、妈祖文化考察等活动,为未来妈祖文化的交流发展打下基础。

(二)加强妈祖文化产业合作开发

为加强妈祖文化产业合作开发,双方应提升合作层次与扩大合作规模,将相关成果市场化,通过经济发展来巩固文化交流的成果。首先,建设两国共同拥有的妈祖文化景区、妈祖文化公园、妈祖文化博物馆、妈祖文化创意园等,唤醒两国人民对妈祖文化友好交流的记忆,促进民心相通和文化相融。其次,双方可系统整理共有的妈祖文化遗存,如妈祖故事可改编成影视、歌曲、小说甚至游戏;妈祖宫庙可开发成旅游景点;将妈祖塑像等相关元素工艺化,制作成各类工艺美术品,吸引民众旅游观光和消费购买。

（三）以妈祖文化为纽带加强区域经贸合作

马来西亚华人华侨中不乏资金雄厚的巨商大贾，而且他们大多是妈祖信众，故应发挥妈祖文化的纽带和桥梁作用，吸引他们前来中国参观、考察，为他们回家乡投资建设提供便利条件。同时，也可以当地华人华侨为平台，通过他们助力中国企业走出去，为两国之间的经贸交流提供帮助，更为"21世纪海上丝绸之路"的建设添砖加瓦。

（四）利用网络新媒体广泛传播妈祖文化

妈祖文化若要在网络新媒体上传播，首先得将两国的妈祖文化资源数字化，如此既能提升妈祖文化传播水平，也能更好地保护妈祖文化遗存。同时，各宫庙团体、社会组织等可开发各自的妈祖文化门户网站，以利于双向互动沟通。充分运用网络技术等新媒体技术，对妈祖文化予以宣传，强化年轻一代对妈祖文化的兴趣。

六、妈祖文化在印尼：对策与建议

妈祖文化作为中国传统文化的宝贵财富，走出国门远播世界，在当今建设"21世纪海上丝绸之路"的时代背景下，更应发挥促进中国与印尼之间文化交流的桥梁作用。

（一）加强中国和印尼间妈祖文化的交流

由于"新秩序"时期印尼政府的排华政策，包括妈祖文化在内的中华传统文化都受到冲击，一定程度上影响了妈祖文化在印尼的传播发展。为了加强两国间妈祖文化的交流，提升妈祖文化在印尼的传播发展水平,具体可以从以下几方面着手:其一,湄洲妈祖祖庙应加强与印尼各妈祖宫庙、社团的互动。通过各种机会邀请印尼各妈祖宫庙、社团的信众代表前往湄洲妈祖祖庙进行大规模的谒祖进香活动。例如,印尼巴淡岛海神妈祖庙自建立以来,在祖庙邀请下已多次组织信众前往祖庙参访进香。这种寻根溯源的活动,能让印尼信众亲身感受妈祖文化发祥地的浓厚氛围,强化对妈祖文化的认知。同时,湄洲妈祖祖庙也可主动派遣专业的文化交流团队前往印尼,在当地的妈祖宫庙开展祭祀仪式展示活动,让印尼民众直观了解正统的妈祖祭祀流程,感受其庄重与典雅;也可以举办妈祖文化讲座,深入讲解妈祖的生平事迹、传说故事和妈祖文化蕴含的精神内涵。其二,两国妈祖宫庙、社团可轮流举办妈祖文化节。在印尼举办时,可邀请中国的传统艺术表演团队,展示潮汕英歌舞、莆田车鼓队等与妈祖文化相关联的民俗表演;在中国举办时,邀请印尼当地的艺术团体结合妈祖故事创作的特色戏剧、舞蹈、音乐节目参与演出,如妈祖文化与印尼著名的哇扬皮影戏合作,创作以妈祖生平或妈祖显灵庇佑航海者等故事为蓝本的皮影戏作品。其三,两国妈祖宫庙、社团还可以联合举办妈祖文化研讨会,邀请两国的历史学者、文化专家共同探讨妈祖文化在两国不同地域的发展演变、传播路径等学术话题,促进妈祖文化的交流与互鉴。

(二)充分利用现代媒体提升妈祖文化的影响力

中华妈祖文化交流协会、湄洲妈祖祖庙等单位可以充分借助互联网和社交媒体的力量,与印尼主要的妈祖宫庙、社团合作开设印尼语的妈祖文化官方网站。网站内容涵盖妈祖文化的历史介绍、宫庙分布、祭祀仪式等详细信息,并且定期更新关于妈祖文化在印尼等全球各地的最新动态。同时,在印尼民众常用的社交媒体平台上创建妈祖文化相关账号,发布制作精良的短视频,包括妈祖祭祀活动的精彩瞬间、妈祖文化故事的动画演绎等。例如,一些妈祖文化相关的短视频在社交媒体上获得了大量点赞和分享,吸引了众多印尼民众关注。还可以利用直播平台,直播妈祖祭祀仪式、文化讲座等活动,实时与观众互动,解答他们对妈祖文化的疑问。

(三)加强妈祖宫庙建设保护与文旅经贸产业合作

印尼华人众多,其中不乏巨商大贾、资财雄厚者,更重要的是他们很多是妈祖信众,信仰虔诚。中华妈祖文化交流协会、湄洲妈祖祖庙等单位可以组建妈祖宫庙建筑文物专家团队,协助印尼华人社团、妈祖文化社团,对印尼现存的历史悠久的妈祖宫庙,如雅加达天后宫、苏门答腊岛棉兰天后宫等进行调研,制定详细的保护和维修计划,及时修复因年代久远或自然因素造成的损坏。例如,对宫庙的木质结构进行防虫防腐处理,对壁画、雕刻等文物进行清洁和修复,对宫庙内文物、史料背后的文化价值深入挖掘,将相关史料整理成册,通过宫庙展览、线上介绍等方式向公众展示,让更多人了解印尼妈祖庙的历史底蕴。将有旅游开发价值的妈祖宫庙开发成旅游景点,庙内具有特色的妈祖塑像等相关元素可以工艺化,制作成各类工艺美术品,吸引民众旅游观光和消费购买。各宫庙之间还可以组合形成特色妈祖文化旅游线路。此外,还可以妈祖文化为纽带,加强同印尼华人华侨的联系,吸引他们回中国参观、考察,为他们回祖籍地投资建设提供便利条件;也可以他们为桥梁,为中国企业投资印尼穿针引线。以此,不断推进相互间经济建设和经贸合作,为"21世纪海上丝绸之路"的建设添砖加瓦。

七、妈祖文化在菲律宾:对策与建议

在菲律宾华人华侨推进侨居地经济社会发展过程中,妈祖文化发挥了重要作用,成为故土与侨胞间密切联系的情感纽带之一。

(一)开展各种妈祖信俗文化交流活动,提升妈祖文化在菲律宾的影响力

妈祖文化既是游子对故土的眷念和不断奋斗的精神力量,也是当今华裔新生代对中国最初的印象之一。从历史上看,老华侨的临时寄居心态,使他们不愿同化于当地,移居菲律宾的华人华侨将妈祖分灵到当地,修建宫庙祭祀,是为了在远离家乡的异质环境中存续母体文化,其承传的妈祖信俗具有浓厚的中国色彩。如今华裔新生代在菲律宾当地出生长大,受当地语言、文化、环境等方面的长期影响,绝大多数已加入住在国国籍,融合成为当今菲律宾华人社会的主流,相对于以地缘为纽带的同乡会和以亲缘为纽带的宗亲会,他们往往热衷于联合创立或加入商会等新社团组织,妈祖文化在菲律宾侨胞后裔中的影响力与先辈相比已有较大的差距。为此,我们要以中菲妈祖信俗文化交流的恢复与日益发展为契机,通过举办"妈祖下南洋·重走海丝路""世界妈祖文化论坛"等活动,邀请菲律宾侨胞后裔积极参与,向他们展示妈祖文化丰富独特的历史内涵和时代价值,着力巩固妈祖文化作为侨胞精神家园的地位和作用。

（二）举办中菲妈祖文化学术交流和体验营活动，增强菲律宾侨胞后裔的故土记忆与文化认同

在世情、国情、侨情不断发展变化的当下，挖掘妈祖文化内涵，凸显地方文化底蕴，讲好中国故事，传播中国声音，以此增强华裔新生代对中国文化的认同，是厚植涵养侨务资源，大力增强海外侨胞工作成效的重要途径。保护和弘扬包括妈祖文化在内的地方文化资源，就是留住中华"根"，守住文化"魂"。为此，应积极推动中华妈祖文化交流协会、湄洲妈祖祖庙、莆田学院妈祖文化研究院等妈祖文化相关机构与菲律宾华侨社团、妈祖宫庙组织、高等院校科研机构等加强协作交流，经常性开展妈祖文化学术交流，共同挖掘和梳理中菲妈祖文化交流交往的历史与现状，探索加强中菲妈祖文化传播交流的机制与路径，让更多的菲律宾侨胞后裔了解妈祖文化，成为妈祖文化的传承人和传播者。同时，在福建省每年举办的"寻根之旅"夏（冬）令营的基础上，通过积极探索既符合菲律宾华裔青少年特点又紧跟时代主旋律的新型模式，举办专门的妈祖文化体验营，精心打造"留根工程"，邀请菲律宾华裔青少年来闽参营。[①] 他们可以专门赴湄洲岛听取妈祖传奇故事，了解妈祖文化内涵与外延，学习妈祖"立德、行善、大爱"的精神，感受妈祖"和谐、包容、平安"的文化特征，让菲律宾华裔青少年记得住乡愁，增强他们的故土记忆与文化认同。

（三）联合开发妈祖文化产业，做大做强妈祖文化品牌

妈祖文化已成为菲律宾侨胞认同中国的一个窗口，有助于促

---

① 陈育良：《中国侨联领导看望巴拿马来闽"寻根之旅"的冬令营营员》，福建省侨联网，2019 年 12 月 19 日，http://fjsql.fqworld.org/qlyw/60626.jhtml。

成菲律宾不同祖籍人群、不同信仰人群的整合。中菲两国有实力的妈祖文化社团可以合作,对有较高历史价值的、有特色的主祀或陪祀妈祖的宫庙、会馆、教堂等文化资源进行系统的整理与创意的开发,建设妈祖文化旅游景区等。可以建设妈祖文化博物馆或展览馆等,致力于推进侨胞后裔及当地人对妈祖文化的认知和深入了解,为中菲进一步友好往来搭建文化桥梁。还可以与周边国家合作,将妈祖文化与旅游产业、影视产业、工艺美术产业等进行有效融合开发,做大做强菲律宾妈祖文化品牌。

八、妈祖文化在泰国:对策与建议

在当今建设"一带一路"倡议的时代背景下,妈祖文化应当继续发挥民间文化交流的先锋队作用,成为中泰文化交流的重要桥梁。为进一步推动妈祖文化在泰国的传播与发展,可从以下几个方面着手:

(一)深化妈祖文化的交流与互动

中国与泰国妈祖文化交流源远流长,双方都保留着不少妈祖文化遗存,见证着两国间的友好往来。为进一步深化两国间妈祖文化的交流与互动,首先应加强两国妈祖宫庙间合作。湄洲妈祖祖庙和其他重要妈祖宫庙、相关社团应与泰国各地妈祖宫庙、相关社团建立长期稳定的合作关系,定期开展进香团互访、文化交流活动,如联合举办妈祖诞辰庆典、妈祖文化节等,增进彼此之间的了解与认同。通过湄洲妈祖巡安泰国和泰国妈祖宫庙赴湄洲岛谒祖进香等活动,进一步加深两国妈祖信众的情感联系。其次,应推动妈祖文化活动多样化。湄洲妈祖祖庙和其他重要妈祖宫庙、相关社团可以在泰国举办形式多样的妈祖文化活动,如妈祖文化展览、学术研讨会、文艺演出等,通过多种形式展示妈祖文化的内涵与魅力,吸引更广泛的泰国民众参与。同时,结合泰国当地文化特色,创新妈祖文化活动的形式和内容,使其更具吸引力。最后,应开展妈祖文化教育活动。湄洲妈祖祖庙和其他重要妈祖宫庙、相关社团可安排志愿者到泰国的华文学校或社区中心开设妈祖文化课程或讲座,编写适合泰国青少年的妈祖文化教材,培养新一代妈祖文化传承者。

(二)促进妈祖文化的融合与创新

中泰妈祖文化宫庙、相关社团应进一步合作推动妈祖文化的融合与创新,深入挖掘妈祖文化与泰国本土宗教文化、民俗文化的契合点,将泰国文化元素融入妈祖文化之中。例如,在妈祖传说故事的讲述中,结合泰国的神话传说、历史典故进行创新演绎,创作具有泰国特色的妈祖故事绘本或动漫作品,以更生动形象的方式传播妈祖文化。在妈祖祭典仪式方面,在保留核心仪式流程的基础上,适当融入泰国佛教的仪式元素,如增加佛教的诵经祈福环节,使祭典仪式更符合泰国民众的文化习惯,增强认同感。与此同时,应结合现代科技手段,开发妈祖文化的数字化产品,如妈祖文化主题的手机应用、虚拟现实体验等,以新颖的方式传播妈祖文化,吸引年轻一代的关注。将妈祖故事进行影视化、动漫化、游戏化改编,使其更易于被现代人接受。创建专门的妈祖文化网站或社交媒体账号,用泰语和中文发布妈祖文化的相关信息、历史故事、活动动态等,方便泰国信众和文化爱好者获取信息,扩大妈祖文化的传播范围。定期出版妈祖文化相关的杂志或书籍,内容涵盖妈祖信仰的历史渊源、文化内涵、中泰文化交流案例等,以纸质和电子版形式在泰国发行,为研究者和爱好者提供学习资料。

（三）争取妈祖文化得到政府和社会的支持

积极争取中泰两国政府对妈祖文化的支持，将妈祖文化纳入中泰民间文化交流合作的框架中，为妈祖文化的传播与发展创造良好的政策环境。发动中泰两国民间相关社团、企业、个人等社会力量积极参与妈祖文化的传播与发展，通过捐赠、赞助、志愿服务等方式支持妈祖文化活动的开展，形成两国民间社会各界共同推动妈祖文化传播的良好氛围。中泰妈祖文化宫庙、相关社团可以妈祖文化为核心，合作开发具有泰国特色的文化产业项目，为泰国的经济发展做出贡献，如打造妈祖文化主题旅游线路，将泰国的妈祖宫庙与当地的著名旅游景点相结合，如曼谷的大皇宫、普吉岛的海滩等，吸引国内外游客前来体验妈祖文化与泰国旅游的双重魅力。开发妈祖文化相关的文创产品，如带有妈祖形象和泰国特色图案的钥匙扣、明信片、文具等，这些文创产品既可以作为旅游纪念品销售，又能起到传播妈祖文化的作用。中泰妈祖文化相关社团、妈祖宫庙所在地政府还可以妈祖文化为纽带，搭建中泰经贸合作平台，举办以"妈祖文化与经贸合作"为主题的论坛或展会，促进中泰两国在贸易、投资、农业等领域的合作，推动"一带一路"倡议在泰国的落地生根。

小　　结

综合上述日本、韩国、越南、新加坡、马来西亚、印尼、菲律宾、泰国等海上丝绸之路沿线主要国家加强妈祖文化传播发展的对策与建议，归纳起来有以下一些共同特征：一是通过加强我国与各国妈祖文化民间交流，特别是湄洲妈祖祖庙、中华妈祖文化交流协会等与各国妈祖宫庙、妈祖社团、华侨社团的交流交往,保持热度,逐渐提升妈祖文化在各国的社会影响力。二是积极挖掘妈祖文化遗存和资源潜力,共同合作开发妈祖文化产业,特别是合作开发妈祖文化旅游线路,引起社会的更多关注,从而不断提升妈祖文化的知名度。三是进一步发挥妈祖文化的桥梁纽带作用,充分展现妈祖大爱的精神,为我国与各国加快民心相通,共建"一带一路"做出更大的贡献。四是通过妈祖文化团结凝聚更多的华人华侨,弘扬中华优秀传统文化,促进华三代、华四代等的民族认同、文化认同,为中华民族伟大复兴服务。

结　语

　　2017年9月,"妈祖文化在海上丝绸之路沿线国家传播交流的机制与路径研究"获得了国家社科基金艺术学一般项目的立项。经过了四年左右的时间,笔者已完成了课题设立时所确定的三大部分研究内容,实现了多个研究内容的探索创新,形成本书。本书有创新之处,也存在一些不足之处,未来笔者将继续开展相关研究,进一步深入探索。

　　本书创新之处在于:依据对八个典型国家的妈祖文化传播发展历史与现状、机制与路径、特点与影响、存在问题的研究分析,进行归纳总结,提出加强妈祖文化在海上丝绸之路传播发展的新机制与多种途径。

　　本书不足之处在于:一是选取的"海丝"沿线国家样本数量不够多,有待后续研究予以增加。据统计,目前妈祖文化已在世界上50个国家和地区传播,这些国家和地区大部分分布在"海丝"沿线。本书主要选取了海上丝绸之路东线的日本、韩国和南线的菲律宾、越南、新加坡、马来西亚、印尼、泰国等妈祖文化传播历史比较悠久的国家作为样本进行研究,虽然基本探索总结出妈祖文化在"海丝"沿线国家传播交流的机制与路径,但毕竟只选取8个国家,与总数相比,数量不够多。而且本书选取的国家基本是东亚和东南亚的国家,妈祖文化传播交流比较典型的国家还有大洋洲的澳大利亚、新西兰,北美洲的美国、加拿大,非洲的南非、毛里求斯等,但由于经费、时间、资料和研究力量等各方面限制,没有选取这些国家作为样本,因此本书的研究结论不够全面、不够完善。

二是样本国家里作为研究对象的妈祖文化现象数量不够多,有待后续研究予以增加。这些国家妈祖文化传播分布都比较广泛,信俗活动类型也比较多,因此研究时只选取部分比较有代表性的地区和信俗活动作为研究对象进行分析。如日本只选取了冲绳、鹿儿岛、长崎、茨城县等地方的主要妈祖宫庙和妈祖信俗活动进行分析研究。越南主要选取南部地区的妈祖宫庙和信俗活动进行分析研究,对中部和北部的分析比较少。马来西亚主要选取吉隆坡、槟城等地方的主要妈祖宫庙和信俗活动进行分析研究。菲律宾、印尼、泰国等情况也大致如此。

三是受各种条件限制,现场实地调研不足,有待后续研究予以加强。由于经费、时间等各种条件限制,对样本国家的实地调研主要依赖所在国的学者协助,一般只选取代表性地区进行调研分析,加上跨文化交流带来的差异,因此资料和结论有一定的片面性。这样本书的研究结论自然也存在一定的局限性,需要后续研究予以修正。

未来展望主要有:一是对"海丝"沿线妈祖文化传播发展的所有国家都进行相应研究。可以在本书基础上,先对比较典型的、当前妈祖文化活动相对比较活跃的国家如亚洲的柬埔寨、缅甸、文莱等,大洋洲的澳大利亚、新西兰,北美洲的美国、加拿大,非洲的南非、毛里求斯等国家进行研究,再对近年来新增加的妈祖文化传播国家如南美洲的巴西、阿根廷、智利、苏里南等,非洲的尼日利亚、纳米比亚等,欧洲的西班牙、意大利等进行研究,探索寻找加强妈祖文化在"海丝"沿线各个国家传播交流的新机制与新路径,为我国与这些国家通过民间文化交流从而实现民心相通提供服务。

二是对"海丝"沿线妈祖文化传播交流比较典型的国家进行详细研究。争取对本书中每一个样本国家都设立一个研究项目,在该国相关研究机构和学者的协助下,对其妈祖文化进行详细的探索分析,最后形成一个系统性研究成果。

参考文献

一、史料

班固:《汉书》第6册,北京:中华书局,1962年。

陈叔侗点校:万历《漳州府志》,厦门:厦门大学出版社,2010年。

范晔:《后汉书》,北京:中华书局,1965年。

福建省地方志编纂委员会:《福建省志·华侨志》,福州:福建人民出版社,1992年。

顾炎武:《天下郡国利病书》,清光绪五年(1879)桐华书屋刻本。

黄润华、薛英:《国家图书馆藏琉球资料汇编》(下),北京:北京图书馆出版社,2000年。

蒋维锬、郑丽航:《妈祖文献史料汇编》(档案卷),北京:中国档案出版社,2007年。

蒋维锬编校:《妈祖文献资料》,福州:福建人民出版社,1990年。

林焜熿:《金门志》,台北:台湾文献委员会,1993年。

刘昫:《旧唐书》第16册,北京:中华书局,1975年。

龙文彬:《明会要》,北京:中华书局,1956年。

马欢著,万明校:《明钞本〈瀛涯胜览〉校注》,北京:海洋出版社,2005年。

欧阳修、宋祁等:《新唐书》,北京:中华书局,1975年。

脱脱等:《宋史》,北京:中华书局,1977年。

吴还初:《天妃娘妈传》,明刻本,原藏日本双红堂,上海:上海古籍出版社,1990年。

肖一平等:《妈祖研究资料汇编》,福州:福建人民出版社,1987年。

谢肇淛:《五杂俎》,沈阳:辽宁教育出版社,2001年。

姚思廉:《梁书》第3册,北京:中华书局,1973年。

佚名:《天后圣母圣迹图志》,佛镇庆云楼重刊本,1859年。

袁枚:《子不语》,《袁枚全集》第四册,南京:江苏古籍出版社,1993年。

张廷玉等:《明史》,北京:中华书局,1974年。

张燮著,谢方点校:《东西洋考》,北京:中华书局,1981年。

郑振满、丁荷生:《福建宗教碑铭汇编·兴化府分册》,福州:福建人民出版社,1995年。

周煌辑:《琉球国志略》,台湾文献丛刊第293种,台北:台湾银行经济研究室,1971年。

周家楣、缪荃孙:《光绪顺天府志》,北京:北京古籍出版社,1987年。

二、研究专著

陈达:《南洋华侨与闽粤社会》,上海:商务印书馆,1938年,第270页。

陈国强编:《妈祖信仰与祖庙》,福州:福建教育出版社,1990年。

陈衍德:《现代中的传统——菲律宾华人社会研究》,厦门:厦门大学出版社,1998年。

段立生:《泰国的中式寺庙》,曼谷:泰国大同社出版有限公司,1996年。

傅吾康、陈铁凡:《马来西亚华文铭刻萃编》,吉隆坡:马来亚大学出版部,1982年。

高伟浓:《菲律宾》,南宁:广西人民出版社,1995年。

高伟浓:《清代华侨在东南亚:跨国迁移、经济开发、社团沿衍与文化传承新探》,广州:暨南大学出版社,2014年。

黄瑞国：《妈祖学概论》，北京：人民出版社，2013年。

蒋维锬：《妈祖研究文集》，福州：海风出版社，2006年。

黎文景：《穗城会馆天后庙》，胡志明市：越南穗城会馆天后庙，2000年。

李献璋著，郑彭年译：《妈祖信仰研究》，澳门：澳门海事博物馆，1995年。

李亦园：《一个移殖的市镇——马来亚华人市镇生活的调查研究》，台北："中研院"民族学研究所，1970年。

李长傅：《中国殖民史》，长沙：商务印书馆，1937年。

林明太：《妈祖文化研究论丛》（Ⅱ），北京：中国文史出版社，2014年。

林庆昌：《妈祖真迹》，广州：中山大学出版社，2003年。

林水檺、骆静山：《马来西亚华人史》，吉隆坡：马来西亚留台校友会联合总会，1984年。

林孝胜：《新加坡华社与华商》，新加坡：新加坡亚洲研究学会，1995年。

林远辉、张应龙：《新加坡马来西亚华侨史》，广州：广东高等教育出版社，2016年。

刘伯奎：《砂捞越河畔的华人神庙》，古晋：砂捞越华人文化协会，1993年。

潘真进：《妈祖之光：一个新闻人眼中的妈祖》，福州：海峡文艺出版社，2018年。

任继愈：《宗教词典》，上海：上海辞书出版社，1981年。

芮乐伟·韩森：《丝绸之路新史》，北京：北京联合出版公司，2015年。

苏庆华、刘崇汉：《马来西亚天后宫大观》第一辑，吉隆坡：马来西亚雪隆海南会馆妈祖文化研究中心，2007年。

苏庆华、刘崇汉：《马来西亚天后宫大观》第二辑，吉隆坡：马来西亚雪隆海南会馆妈祖文化研究中心,2008 年。

王赓武:《南洋华人简史》,台北:水牛出版社,1969 年。

王荣国:《海洋神灵:中国海神信仰与社会经济》,南昌:江西高校出版社,2003 年。

温广益等:《印度尼西亚华侨史》,北京:海洋出版社,1985 年。

吴凤斌编:《东南亚华侨通史》,福州:福建人民出版社,1993 年。

吴国平:《瓣香起湄洲》,福州:海潮摄影艺术出版社,2003 年。

向达整理:《郑和航海图》,北京:中华书局,1961 年。

杨锡铭:《潮人在泰国》,香港:艺苑出版社,2001 年。

约瑟夫·奈:《硬权力与软权力》,北京:北京大学出版社,2005 年。

曾少聪:《东洋航路移民——明清海洋移民台湾与菲律宾的比较研究》,南昌:江西高校出版社,1998 年。

张禹东、刘素民等:《宗教与社会:华侨华人宗教、民间信仰与区域宗教文化》,北京:社会科学文献出版社,2008 年。

赵松乔、吴关琦、王士鹤:《菲律宾地理》,北京:科学出版社,1964 年。

周南京编:《华侨华人百科全书·社区民俗卷》,北京:中国华侨出版社,2000 年。

周南京编:《华侨华人百科全书·社团政党卷》,北京:中国华侨出版社,1999 年。

周南京编:《华侨华人百科全书·法律条例政策卷》,北京:中国华侨出版社,2000 年。

周南京编:《华侨华人百科全书·社区民俗卷》,北京:北京:中国华侨出版社,2000 年。

三、文章

蔡桂芳、林纬毅:《新加坡与丹绒槟榔:潮人的跨境妈祖信仰》,《妈祖文化研究》2017 年第 4 期。

陈丽琴:《妈祖信仰在越南的传播研究》,《当代社会中的传统生活:

国际学术研讨会论文集》，天津：天津社会科学院出版社，2014 年。

陈名实：《印度尼西亚、新加坡、泰国妈祖庙考略》，《妈祖学刊》2014 年第 2 期。

陈启庆：《福建妈祖信仰的新特点及对台湾的影响》，《莆田学院学报》2005 年第 3 期。

陈棠花：《泰文典籍中之天后神话》，《南洋学报》1941 年第 2 期。

范军：《妈祖信仰的跨域传播与衍变——以泰国妈祖信仰的多元宗教文化融合为例》，《闽台缘文史集刊》2019 年第 2 期。

官品佳、袁书琪：《妈祖文化内涵及其在亚太合作发展中的重要功能》，《资源开发与市场》2012 年第 2 期。

韩槐准：《天后圣母与华侨南进》，《南洋学报》1941 年第 2 期。

洪刚：《中国海洋文化的内在逻辑与发展取向》，《太平洋学报》2017 年第 8 期。

洪玉华：《宗教的融合》，菲律宾华裔青年联合会编：《融合：菲律宾华人》，马尼拉：菲律宾华裔青年联合会，1990 年。

黄海山：《印尼民丹岛丹绒槟榔市天后宫及其文物》，《妈祖文化研究》2018 年第 3 期。

黄文格：《综述妈祖文化的形成与发展趋势》，《大众文艺（理论）》2008 年第 10 期。

黄滋生：《十六—十八世纪华侨在菲律宾经济生活中的作用》，《暨南学报（哲学社会科学版）》1982 年第 1 期。

蒋维锬：《历代妈祖封号综考》，《中华妈祖文化学术论坛论文集》，天津：百花文艺出版社，2006 年。

李伯重：《"乡土之神"、"公务之神"与"海商之神"——简论妈祖形象的演变》，《中国社会经济史研究》1997 年第 2 期。

李建国：《妈祖信仰与妈祖精神》，《八桂侨刊》2004 年第 3 期。

李天锡：《潮汕籍华侨与泰国华侨华人的妈祖信仰》，《莆田学院学报》2008 年第 1 期。

李天锡:《福建民间信仰在东南亚的传播及其影响》,《华侨大学学报(哲学社会科学版)》1998年第1期。

李天锡:《马来西亚华侨华人妈祖信仰窥探》,《八桂侨刊》2009年第1期。

李天锡:《试述新加坡华侨华人妈祖信仰的传播及其影响》,《八桂侨刊》2008年第3期。

李天锡:《试析菲律宾华侨华人的妈祖信仰》,《宗教学研究》2010年第1期。

李天锡:《试析印度尼西亚华侨华人的妈祖信仰》,《东南亚纵横》2009年第6期。

李天锡:《越南华侨华人妈祖信仰初探——以胡志明市穗城会馆天后庙为重点》,《莆田学院学报》2011年第1期。

李天锡:《越南两方碑记解读——以妈祖信仰为中心》,《学术问题研究》2011年第1期。

李钟周、唐田:《韩国华侨的妈祖信仰与韩国海神》,《妈祖文化研究》2019年第2期。

林明太、黄朝晖:《妈祖文化在海上丝绸之路沿线国家的传播与发展》,《集美大学学报(哲学社会科学版)》2015年第4期。

林明太、连晨曦:《妈祖文化在日本的传播与发展研究》,《太平洋学报》2019年第11期。

林纬毅、蔡桂芳:《妈祖信仰与新加坡金门宗乡会——兼论妈祖精神在21世纪海上丝路建设中的意义》,《妈祖文化研究》2018年第1期。

林纬毅:《华人宗教传统的历史演变与文化适应——以印尼廖内省民丹岛为例》,张禹东、庄国土:《华侨华人文献学刊(第四辑)》,北京:社会科学文献出版社,2017年。

林希:《论马来西亚妈祖官庙与华文教育》,《莆田学院学报》2015年第1期。

刘崇汉:《会馆天后宫与妈祖文化——以马来西亚两座天后宫为

例》,《2016 年国际妈祖文化学术研讨会论文汇编》(上),2016 年。

刘崇汉:《马来西亚妈祖信仰与乡籍文化——以吉隆坡三座天后宫为例》,《妈祖文化研究》2020 年第 1 期。

刘福铸:《朝鲜汉文诗文集中的妈祖史料》,《妈祖文化研究》2017 年第 1 期。

潘宏立:《日本妈祖信仰的分类和现状》,《第三届国际妈祖文化学术研讨会论文集》,2017 年。

潘氏华理、许阳莎:《明乡天后信仰及其文化涵化过程》,《内蒙古师范大学学报(哲学社会科学版)》2018 年第 1 期。

朴现圭:《高丽时代妈祖接触考》,《鲁东大学学报(哲学社会科学版)》2009 年第 3 期。

朴现圭:《韩国的妈祖信仰现况》,《莆田学院学报》2016 年第 1 期。

邱普艳:《越南华侨社会的形成与发展》,《东南亚南亚研究》2012 年第 1 期。

任娜、陈衍德:《日本华侨华人社会形成新论》,《中华妈祖文化学术论坛》,天津:百花文艺出版社,2008 年。

阮福才:《越南胡志明市华人"天后圣母崇拜"的研究》,《第五届国际妈祖文化学术研讨会论文集》,2019 年。

阮玉诗:《天后信仰在越南湄公河流域的传播及其特点》,《妈祖文化研究》2017 年第 1 期。

阮玉诗:《天后信仰之传播和变迁:以湄公河三角洲的越南人为例》,《第五届国际妈祖文化学术研讨会论文集》,2019 年。

阮玉诗:《越南华人信仰文化的解构与增权:以关公与天后信仰为例》,张禹东、庄国土:《华侨华人文献学刊(第五辑)》,北京:社会科学文献出版社,2017 年。

宋元模:《妈祖信仰在菲律宾的传播》,《莆田乡讯》1987 年 10 月 25 日第 6 版。

宋元模:《天后宫在马来西亚各地》,朱天顺主编:《妈祖研究论文集》,厦门:鹭江出版社,1989年。

苏庆华:《妈祖信仰的发展轨迹和传播——以马、新两国为例》,《华侨大学学报(哲学社会科学版)》2012年第1期。

苏庆华:《大马半岛与新加坡的妈祖崇祀:过去与现在》,李元瑾编:《新马华人:传统与现代的对话》,新加坡:新加坡南洋理工大学,2002年。

藤田明良:《日本近世における古妈祖像と船玉神の信仰》,黄自进主编:《近现代日本社会的蜕变》,台北:"中研院"人文社会科学研究中心,2006年。

童家洲:《论早期新加坡华人的妈祖信仰》,《八桂侨史》1996年第2期。

童家洲:《日本、东南亚华侨华人的妈祖信仰》,《莆仙文化研究院——首届莆仙文化学术研讨会论文集》,2002年。

童家洲:《日本华侨的妈祖信仰及其与新、马的比较研究》,《华人华侨历史研究》1990年第6期。

巫秋玉:《论泰国华人社会中的妈祖信仰》,《莆田学院学报》2008年第4期。

徐李颖:《新加坡妈祖信仰的"社群化"与"一体多面性"——对地缘、血缘和业缘性社群的个案考察》,第二届妈祖文化新思路国际研讨会,2005年。

许源泰、曾伟:《论妈祖信仰的国际化与地方化——以新加坡妈祖信仰为例》,《妈祖文化研究》2017年第3期。

颜星、张卓梅:《越南华人:历史与贡献》,《文山师范高等专科学校学报》2002年第1期。

樱井龙彦:《日本的妈祖信仰其分布及现状》,《中华妈祖文化学术论坛论文集》,2004年。

于向东:《河内历史上的唐人街》,《东南亚纵横》2004年第7期。

曾玲:《社群边界内的"神明":移民时代的新加坡妈祖信仰研究》,

《河南师范大学学报（哲学社会科学版）》2007 年第 2 期。

曾伟：《妈祖文化在新加坡的传播及其在地化研究》，《新闻传播》2019 年第 1 期。

詹小洪：《韩国华侨的今昔》，《炎黄春秋》2004 年第 7 期。

张逢博：《马来西亚琼籍华人的妈祖信仰》，《文化学刊》2017 年第 3 期。

张丽娟、高致华：《中国天妃信仰和日本弟橘媛信仰的关联与连结》，《宗教学研究》2011 年第 2 期。

张英进：《越南薄寮华人的天后信仰》，《妈祖文化研究》2018 年第 1 期。

郑衡泌、俞黎媛：《妈祖信仰分布的地理特征分析》，《福建师范大学学报（哲学社会科学版）》2007 年第 2 期。

郑炎腾：《印度尼西亚廖群岛省民丹岛的妈祖信仰》，《妈祖文化研究》2018 年第 4 期。

朱振明：《中国与马来西亚关系史概述》，《东南亚》1994 年第 4 期。

邹启宇：《中泰关系史简述》，《东南亚》1985 年第 2 期。

四、学位论文

洪源善：《当代泰国与印尼华人社会比较研究》，中国社会科学院研究生院博士学位论文，2003 年。

李东：《朝鲜半岛妈祖文化传播研究》，华侨大学硕士学位论文，2018 年。

刘润元：《菲律宾华人民间信仰调查研究——以马尼拉华人区为中心》，华侨大学硕士学位论文，2020 年。

吕青华：《琉球久米村人的民族学研究》，台湾政治大学博士学位论文，2008 年。

马丽娜：《泰国华人妈祖信仰——跨族群的交际》，广西民族大学硕士学位论文，2016 年。

苏亚红：《"妈祖"形象和名称演变的历史研究》，山东大学博士学位论文，2011年。

汪欢：《历史地理学视野下的菲华文化研究(1571—1945)》，暨南大学博士学位论文，2015年。

王晨：《明代妈祖信仰与闽人海外活动研究》，华侨大学硕士学位论文，2017年。

许婷婷：《后苏哈托时期印尼华族宗教信仰的复兴与影响：以民丹岛华人庙宇为例》，厦门大学硕士学位论文，2018年。

闫化川：《妈祖信仰的起源及其在山东地区传播史研究》，山东大学博士学位论文，2011年。

钟福安：《泰国华人社会的形成述论》，北京语言文化大学硕士学位论文，2001年。

五、网络资料

《莆仙戏〈海神妈祖〉将赴东南亚开展文化交流巡演活动》，台海网，2018年7月6日，https://www.sohu.com/a/239641214_411853。

陈荣富：《湄洲妈祖赴马来西亚、新加坡巡安暨开展妈祖文化交流活动》，东南网，2017年7月10日，http://pt.fjsen.com/xw/2017-07/10/content_19774061.htm。

陈永航：《菲律宾慈航禅寺一行参访中华妈祖文化交流协会》，人民日报海外网，2019年10月11日，https://m.haiwainet.cn/middle/3544260/2019/1011/content_31643321_1.html。

陈祖芬：《莆田学院领导率团赴新加坡、马来西亚考察交流》，搜狐网，2018年9月23日，https://www.sohu.com/a/255710944_751009。

东京妈祖庙：《灯明》，东京妈祖庙官方网站，2016年5月28日，http://www.maso.jp/? page_id＝439。

高国栋：《越南：妈祖文化发展有声色》，莆田文化网，2019年4月2日，http://www.ptwhw.com/? post＝21912。

关向东、林春茵:《湄洲妈祖首次巡安菲律宾盛况空前》,搜狐网,2018 年 10 月 22 日,https://www.sohu.com/a/270576749_123753。

黄春霞:《泰国南瑶宫代表赴湄洲妈祖祖庙参访进香》,中国新闻网,2019 年 3 月 4 日,http://www.fj.chinanews.com/news/fj_zxyc/2019/2019-03-04/435252.html。

奎德忠:《日本妈祖信仰的概况》,中华林氏总会网,2014 年 4 月 28 日,http://www.cnlin.org/Item/Show.asp? m=1&d=4035。

李向娟:《泰国呵叻府明光善坛赴妈祖故里谒祖进香》,海外网,2017 年 3 月 13 日,http://tw.haiwainet.cn/n/2017/0313/c232620-30790357.html。

林春茵:《妈祖文化扩大中国"蓝色朋友圈"》,百度网,2020 年 11 月 2 日,https://baijiahao.baidu.com/s? id=16822180789775509201&wfr=spider&for=pc。

林群华、高亚成:《菲律宾马尼拉慈航禅寺回湄洲妈祖祖庙谒祖进香并分灵》,中国日报网,2018 年 3 月 23 日,https://baijiahao.baidu.com/s? id=1595713471000150436&wfr=spider&for=pc。

林群华、黄美珍、叶秋云:《湄洲妈祖巡安掀起"妈祖热" 海内外信众齐来拜谒》,中国新闻网,2019 年 3 月 12 日,http://www.myzaker.com/article/5c87403a77ac643f2e390915。

林群华、徐国荣:《日本长崎妈祖信众时隔 3 年再回祖庙谒祖进香》,中华妈祖网,2017 年 5 月 15 日,http://news.chinamazu.cn/mzkx20170515/30746.html。

林群华、徐国荣:《新加坡道教总会前往湄洲妈祖祖庙参访交流》,道教之音网,2016 年 3 月 29 日,http://www.daoisms.org/article/sort028/info-22190.html。

林群华、叶萍、朱丽花:《新加坡汕头社天后庙赴湄洲妈祖祖庙谒祖进香》,人民日报海外网,2015 年 11 月 23 日,http://m.haiwainet.cn/middle/232657/2015/1123/content_29383753_1.html? from=toutiao。

林群华:《马来西亚恳亲团赴"妈祖故里"进香朝圣》,人民日报海外版,2015 年 11 月 12 日,http://m.haiwainet.cn/middle/232657/2015/1112/content_29350388_1.html。

林群华:《湄洲妈祖分灵印度尼西亚东爪哇妈祖庙》,腾讯视频,2018 年 4 月 22 日,https://v.qq.com/x/page/f0635psvqny.html。

林群华:《新加坡金福宫首次赴福建湄洲祖庙进香》,中新网,2018 年 5 月 11 日,https://baijiahao.baidu.com/s? id=1600131460538448597&wfr=spider&for=pc。

林群华:《印尼惹班福善宫妈祖信众赴妈祖故里湄洲谒祖进香》,湄洲妈祖祖庙旅游网,2015 年 3 月 24 日,http://www.mzmz.org.cn/xwkx/291.jhtml。

林群华:《印尼苏南省妈祖信众赴福建湄洲岛进香》,中国新闻网,2016 年 4 月 1 日,https://www.chinanews.com/hr/2016/04-01/7821063.shtml。

林群华:《印尼分灵妈祖"回娘家"省亲谒祖》,人民网,2015 年 3 月 24 日,http://world.people.com.cn/n/2015/0324/c157278-26743667.html。

林仙久:《莆田贤良港、文峰宫妈祖应邀赴狮城文化交流》,新浪网,2017 年 9 月 29 日,http://blog.sina.com.cn/s/blog_694b3a240102x47l.html。

刘彤等:《中国—马来西亚妈祖文化交流会在吉隆坡举行》,新华网,2017 年 7 月 2 日,http://www.xinhuanet.com/world/2017-07/02/c_1121249589.htm。

潘真进:《妈祖信仰在印尼》,湄洲妈祖祖庙旅游官方网站,2015 年 4 月 4 日,http://www.mzmz.org.cn/txmzzmz/323.jhtml。

天下妈祖网:《新加坡万天府连续十六年赴乌石天后宫会香》,海洋财富网,2019 年 3 月 20 日,http://www.hycfw.com/Article/221531。

万景路:《乌泱泱的日本佛教》,《中文导报》网,2016 年 5 月 17 日,http://www.rbzwdb.com/zl/2016/05-27/9666.shtml。

王国安:《妈祖祭典在泰国曼谷举行》,中国新闻网,2019 年 11 月 15 日,https://baijiahao.baidu.com/s?id=1650264229116371268&wfr=spider&for=pc。

王国安等:《湄洲妈祖乘坐"经济舱"抵达泰国展开巡安之旅》,中国新闻网,2019 年 11 月 14 日,https://www.chinanews.com/gj/2019/11-14/9007694.shtml。

王榕春:《百余马来西亚信众赴"妈祖故里"湄洲岛谒祖进香》,海外网,2014 年 4 月 26 日,http://huaren.haiwainet.cn/n/2014/0426/c232657-20575758.html。

王奕:《青岛市妈祖文化联谊会赴新加坡参加祈福仪式》,道教之音网,2016 年 10 月 31 日,http://www.daoisms.org/article/sort028/info-26179.html。

文峰宫:《泰国宫庙进香团来文峰宫朝拜参香》,莆田文峰天后宫网站,2016 年 10 月 31 日,http://www.wenfenggong.com/newshow-217.html。

吴伟锋:《日本黄檗文化交流团来莆参访,共商妈祖游日本》,闽南网,2017 年 10 月 13 日,http://www.mnw.cn/news/pt/1858955.html。

徐国荣:《妈祖故里湄洲岛迎来日本国际妈祖会进香团》,中国新闻网,2018 年 8 月 9 日,http://www.chinanews.com/cul/2018/08-09/8663019.shtml。

杨应棉、杨圣祺:《韩国华侨华人社会的特殊性》,中华人民共和国侨务办公室网站,2005 年 6 月 20 日,http://qwgzyj.gqb.gov.cn/hwzh/127/379.shtml。

叶茂:《福建霞浦妈祖金身赴新加坡巡安》,中国侨网,2018 年 11 月 6 日,http://www.chinaqw.com/qx/2018/11-06/207459.shtml。

郑爽:《越南妈祖文化董事会成立》,天下妈祖网,2018 年 12 月 3 日,http://www.mazuworld.com/index.php?m=content&c=index&a=show&catid=45&id=10763。

郑松波：《长崎举行"妈祖行列"巡游》，日本新华侨报网，2018 年 2 月 19 日，http://www.jnocnews.jp/news/show.aspx？id＝94835。

周建国：《越南妈祖文化董事会携手各文化机构参访祖庙》，莆田网，2020 年 2 月 5 日，http://www.ptxw.com/news/xw/mzxw/202002/t20200205_246885.htm。